Negócios na atualidade

precificação estratégica em serviços

inter
saberes

Negócios na atualidade
precificação estratégica em serviços

Rossandra Oliveira Maciel
de Bitencourt

Rua Clara Vendramin, 58 . Mossunguê
CEP 81200-170 . Curitiba . PR . Brasil
Fone: (41) 2106-4170
www.intersaberes.com
editora@intersaberes.com

Conselho editorial	Dr. Alexandre Coutinho Pagliarini
	Drª Elena Godoy
	Mª Maria Lúcia Prado Sabatella
	Dr. Neri dos Santos
Editora-chefe	Lindsay Azambuja
Gerente editorial	Ariadne Nunes Wenger
Assistente editorial	Daniela Viroli Pereira Pinto
Preparação de originais	Luciana Francisco
Edição de texto	Millefoglie Serviços de Edição
Capa	Charles L. da Silva (design)
	shutter_o/Shutterstock (imagem)
Projeto gráfico	Silvio Gabriel Spannenberg
Diagramação	Kátia Priscila Irokawa
Iconografia	Regina Claudia Cruz Prestes

Dados Internacionais de Catalogação na Publicação (CIP)
(Câmara Brasileira do Livro, SP, Brasil)

Bitencourt, Rossandra Oliveira Maciel de
   Negócios na atualidade : precificação estratégica em serviços / Rossandra Oliveira Maciel de Bitencourt. -- Curitiba : Editora Intersaberes, 2023.

   Bibliografia.
   ISBN 978-65-5517-084-9

   1. Marketing 2. Planejamento estratégico 3. Preços - Determinação 4. Serviços ao cliente 5. Vendas I. Título.

22-134704   CDD 658.816

Índices para catálogo sistemático:
1. Preços : Determinação : Administração de vendas   658.816

Cibele Maria Dias - Bibliotecária - CRB-8/9427

1ª edição, 2023.
Foi feito o depósito legal.
Informamos que é de inteira responsabilidade da autora a emissão de conceitos.
Nenhuma parte desta publicação poderá ser reproduzida por qualquer meio ou forma sem a prévia autorização da Editora InterSaberes.
A violação dos direitos autorais é crime estabelecido na Lei n. 9.610/1998 e punido pelo art. 184 do Código Penal.

Sumário

7 Apresentação

13 1 Negócios na atualidade
16 1.1 Características dos negócios na atualidade
22 1.2 Modelos de negócios e novas formas de gestão
27 1.3 Relacionamento entre cliente e empresa
30 1.4 Importância dos custos invisíveis e do custo de oportunidade
33 1.5 A complexidade da competição

39 2 Política e estratégia de preços
43 2.1 Formação do preço de venda
44 2.2 Precificação estratégica: a diferença entre precificar produtos e serviços
47 2.3 Caracterização de um serviço
53 2.4 Identificação e análise das variáveis de precificação

63 3 Variáveis econômicas
67 3.1 Consumo, poupança e desemprego
70 3.2 Inflação, taxa de juros e câmbio
78 3.3 Principais fontes e pesquisas macroeconômicas
81 3.4 Relação entre oferta e demanda
84 3.5 Elasticidade-preço da demanda
87 3.6 Estruturas de mercado

95 4 Variáveis de custo, societárias e tributárias
98 4.1 Tipos de gastos
100 4.2 Métodos de custeio
104 4.3 Etapas do custeio direto e aplicabilidade na precificação
108 4.4 Variáveis societárias e tributárias na precificação

115 5 Variáveis mercadológicas
117   5.1 Contexto geral das variáveis mercadológicas
121   5.2 Cliente e fornecedor
125   5.3 Concorrência e organização
130   5.4 Análise SWOT
134   5.5 Composto de marketing

141 6 Precificação estratégica em serviços
146   6.1 Criação de estratégia de precificação
150   6.2 Avaliação do preço pelo público-alvo, determinação da demanda
153   6.3 Seleção de uma base para precificação estratégica
158   6.4 Estratégia de precificação para implementação de um novo serviço
161   6.5 Precificação estratégica e lucratividade

168   Considerações finais
173   Lista de siglas
175   Referências
189   Sobre a autora

Apresentação

Desde o século XIX, o mundo experimentou dois grandes paradigmas: (1) a chamada *era industrial*, cujo auge se deu no início do século XX; e (2) a nova *era da informação*, que emergiu por volta dos anos 1970 e tem se intensificado na atualidade. Com isso, as empresas passaram a incorporar novas técnicas, de modo que, quanto mais recente é a empresa, mais integrada ela poderá estar a essa nova era da informação (Gassenferth et al., 2015).

Se, na era industrial, a concorrência acontecia no ambiente local, na era da informação a concorrência é global e entre muitos competidores. Outra mudança crucial é que, na era industrial, havia ênfase na produção, ao passo que, na era informacional, o centro é o cliente. A eficiência que antes era meramente operacional, agora ultrapassa as barreiras da informação, tornando-se eficiência competitiva (Gassenferth et al., 2015).

Como, então, estabelecer uma política de preços na prestação de um serviço cuja concorrência é global? É justo uma empresa com infraestrutura física atribuir a seus serviços o mesmo preço que seus concorrentes cobram no mercado virtual? Como otimizar a precificação estratégica para atrair clientes? É possível considerar os custos fixos e variáveis para formar um preço competitivo apenas recorrendo à análise de planilhas?

Precificar não é apenas somar os custos e adicionar uma margem de lucro; é agregar valor ao serviço, destacar-se em meio à concorrência crescente e surpreender clientes, pois o preço é o que os clientes pagam pelo serviço prestado, e valor é o que eles levam. O valor é a percepção que o cliente tem daquilo que está adquirindo; é o que o ofertante agrega, desde o planejamento até o momento em que executa o serviço e avalia o pós-venda. Como precificar tudo isso? Buscaremos responder a esse e a outros questionamentos ao longo deste livro.

O objetivo aqui não é simplificar a precificação; ao contrário, é qualificá-la, à luz da teoria e da prática, como processo e ferramenta estratégica. Desde já, deve estar claro que o sucesso da precificação depende do bom desempenho da gestão em cada etapa, razão pela qual empregamos o termo *processo*. Ademais, quando empregada de forma estratégica, a precificação proporciona ganhos para a empresa como um todo, garantindo, mais do que a sobrevivência, o aumento da lucratividade no longo prazo. Eis aí o motivo para a considerarmos uma ferramenta.

Este livro se destina, portanto, a todos que se interessam pelo mundo dos negócios, especialmente no setor de serviços. O cerne da leitura é a precificação; contudo, essa é uma temática que perpassa outras de grande relevância. Desse modo, o conteúdo aqui abordado extrapola a formação de preços, uma vez que ele é o resultado de um processo que envolve diversas variáveis. Levando em conta a complexidade e a importância do tema, dividimos nossa abordagem em seis capítulos; em cada um deles, aprofundamos a análise de forma pontual e combinada, no intento de levá-lo(a), leitor(a), a uma imersão nos principais elementos do processo de precificação.

Inicialmente, elencamos algumas características contemporâneas dos negócios e descrevemos a ascensão do setor de serviços no cenário econômico nacional. Afinal, no Brasil, o setor de serviços é o que apresenta maior representatividade na composição do Produto Interno Bruto (PIB). No Capítulo 1, expomos essa dinâmica, demonstrando como uma boa gestão, no longo prazo, deve guiar o empreendimento no âmbito dos 4Ps – planejamento, processos, pessoas e projetos. Ademais, colocamos em evidência a importância do bom relacionamento com os clientes, esclarecendo como ele pode ser construído. Ainda, adentramos nos conceitos de custos invisíveis e de custo de oportunidade, atentando para a complexidade da competição, com ênfase nas forças competitivas.

Depois de nos debruçarmos sobre esses conceitos essenciais, no Capítulo 2, clarificamos o que é o processo de precificação em serviços, quais devem ser os principais objetivos da política correta de formação de preços, e como a precificação estratégica pode contribuir para o sucesso do negócio. Nesse capítulo, detalhamos as principais etapas de tal processo, iniciando pela caracterização do serviço prestado, seguindo para a identificação e a análise das variáveis relacionadas ao estabelecimento dos preços a serem praticados. Ao final, descrevemos como, em conjunto, cada etapa orienta a formação de um preço justo, competitivo e coerente com o mercado.

No Capítulo 3, tratamos das principais variáveis econômicas. Adotamos, num primeiro momento, uma perspectiva macroeconômica e mostramos sua relação com a formação de preços, salientando os seguintes aspectos: desemprego, inflação, consumo, poupança, inadimplência, câmbio e taxa de juros. Na sequência, damos enfoque ao campo da microeconomia, comentando a relação entre oferta e demanda, e os conceitos de elasticidade de preço e de estruturas de mercado, a fim de apontar como esse conjunto de elementos pode ser aplicado na precificação estratégica.

No Capítulo 4, concentramos nossa atenção nas variáveis de custos, societárias e tributárias, da precificação. Delineamos o contexto geral do custeio, seus objetivos e explicamos por que essa é uma ferramenta de suma importância, da qual toda empresa deve se apropriar. Ainda, especificamos os tipos de gasto com que as empresas devem se preocupar, especialmente os relativos aos custos, às despesas e aos investimentos. Em seguida, avançamos para os instrumentos de operacionalização e aplicabilidade das variáveis do custeio na precificação, bem como para a interpretação dos regimes tributários existentes no Brasil, indicando os impactos de cada um deles no preço final de um produto ou serviço.

No Capítulo 5, desvelamos as principais variáveis mercadológicas e seu potencial de influenciar o processo de precificação, visto que estão diretamente ligadas aos níveis geral, operacional e interno do ambiente organizacional. Nesse ponto da abordagem, damos centralidade ao tema da precificação estratégica, considerando os clientes, os fornecedores, a concorrência e a organização em si. No que concerne às variáveis mercadológicas, discorremos sobre a análise da matriz SWOT e o composto de marketing como ferramentas de grande relevância para auxiliar nas estratégias de longo prazo da empresa.

Por fim, no Capítulo 6, elencamos as principais estratégias de apreçamento em serviços. Como o processo de precificação é algo extremamente dinâmico e um tanto complexo, disponibilizamos um passo a passo para a formação do preço final, com vistas a alcançar os objetivos da empresa. Como parte dessa trajetória, ressaltamos aqui a importância de levar em conta a percepção do público-alvo, pois, com essa técnica, o gestor assume que o preço é uma estratégia de mercado. Ainda, esclarecemos como custo, demanda e competição guiam o processo de maneira singular. Tamanho desafio também está em selecionar uma estratégia de precificação para a implementação de um novo serviço, sobretudo porque a extensão do uso de qualquer estratégia depende dos objetivos primordiais de precificação. Encerramos, então, com uma breve explanação sobre a relação entre precificação estratégica e lucratividade. Afinal, de que adianta utilizar inúmeras estratégias se, no longo prazo, a empresa não estiver crescendo?

Não pretendemos que este livro seja um manual acerca de como racionalizar preços. Nosso intuito é, sobretudo, problematizar alguns erros comuns que geram insucesso na precificação e propor soluções com base em diversos elementos contemporâneos que estão se inserindo no mercado com reflexo direto sobre as organizações.

Esperamos que, ao final desta leitura, você compreenda que precificar, mais do que reduzir custo, é agregar valor. Essa é a premissa que norteia as etapas da precificação, cuja dinâmica debateremos nas próximas páginas.

marvent/Shutterstock

1
Negócios na atualidade

A população brasileira está entre as que mais abrem negócios no mundo. Em tempos de crise, essa tendência se intensifica ante a necessidade de autossustento, ou porque surgem oportunidades que acarretam a abertura de novos negócios.

Contudo, embora seja relativamente fácil abrir um negócio no Brasil, manter-se no mercado é um grande desafio. Em meio à pandemia mundial ocasionada pela Covid-19, o número de empreendedores brasileiros caiu de 53,4 milhões, em 2019, para 43,9 milhões, em 2020. Os números são da pesquisa Global Entrepreneurship Monitor (GEM), realizada em diversos países, e que contou com apoio do Serviço Brasileiro de Apoio às Micro e Pequenas Empresas (Sebrae) e do Instituto Brasileiro de Qualidade e Produtividade (IBPQ).

Certamente, esses dados fazem emergir certos questionamentos: Por que tantas empresas encerraram suas atividades? O que torna os empreendimentos vulneráveis em meio à crise? Por que, enquanto algumas empresas fecham as portas, outras se inserem no mercado?

Por mais que pudéssemos especular respostas para tais questões, seria impossível aqui esgotar as hipóteses para justificar dados tão preocupantes. De qualquer modo, algo que afeta profundamente as empresas é o fato de que vivemos na era da informação e do conhecimento, o que exige das pessoas e organizações discernimento para utilizar as informações disponíveis e gerar resultados positivos.

Atualmente, os recursos humanos constituem-se na principal ferramenta de organização; afinal, são as pessoas que têm o conhecimento. Nesse cenário, sobreviver no mercado é uma questão de estratégia, de valorização desses recursos humanos e da construção de bons relacionamentos com clientes e fornecedores, de modo a definir um preço coerente e competitivo, articulando bem todos esses elementos. A fim de nos aprofundarmos nesse tema, abordaremos, a seguir, algumas características centrais que marcam os negócios na atualidade.

1.1 Características dos negócios na atualidade

A globalização se intensificou na transição do século XX para o século XXI, pois as empresas passaram a enxergar novas oportunidades no mercado, ampliando a diversidade produtiva, os ganhos de escala e o aumento da competitividade em escala global. A novidade nesse cenário foi a ascensão do setor de serviços.

Partindo do pressuposto de que todo produto é resultado de um processo de transformação, podemos assumir que o serviço não deixa de ser um produto. Contudo, o serviço guarda uma particularidade: trata-se de atividade na qual, mesmo havendo emprego de materiais, o recurso preponderante é a mão de obra. Santos, Ducati e Bornia (2008) citam outras características que distinguem serviços de produtos manufaturados):

- ❖ O prestador do serviço faz parte do serviço – No caso de serviços pessoais ou personalizados, o cliente tem um contato mais direto com o prestador do serviço, a exemplo de médicos, cabeleireiros, contadores, advogados, entre outros. Nesses casos, em geral, a pessoa que realiza o atendimento tem acesso a informações pessoais, hábitos e preferências do cliente.

- Participação do cliente no processo – Boa parte dos serviços prestados permite – e até recomenda – a participação do cliente no processo, inspecionando, experimentando e dando sugestões.
- Produção sob encomenda – Poucos prestadores de serviços disponibilizam seu produto para pronta entrega; grande parte dos serviços é realizada e consumida ao mesmo tempo.
- Venda direta ao consumidor final – Em geral, o consumidor do serviço trata diretamente com o fornecedor, exatamente pelas especificidades inerentes à atividade. Logo, não há mediadores na relação de compra e venda.

Podemos elencar aqui, nos mais variados segmentos, algumas áreas que passaram a inovar e estão ganhando espaço por meio de serviços, como alimentação saudável, produtos digitais, saúde, beleza e estética, *coworking*, mentoria e consultoria, desenvolvimento de sistemas e aplicativos, transporte, educação, turismo, entretenimento, lazer, entre outros.

A evolução das Tecnologias da Informação e Comunicação (TICs), em grande parte desenvolvidas em empresas de serviços, favorece também outros setores da economia. De acordo com Silva, Negri e Kubota (2006), um dos principais motivos para o forte desempenho do setor de serviços é a crescente importância da globalização em muitos serviços. Portanto, quanto mais as empresas inovam e se modernizam, mais o setor de serviços cresce no âmbito não só da oferta, mas também da qualidade e da satisfação dos clientes.

Analisando a ascensão do setor de serviços, a literatura aponta para uma mudança estrutural inerente à era da informação, visto que muitas empresas deixam de ser unicamente intensivas em mão de obra e passam a ser dotadas de maior conhecimento e intensidade tecnológica. Essa mudança estrutural é ainda mais evidente em economias desenvolvidas, uma vez que, em tais países, as empresas encontram maiores oportunidades de aumentar seu grau de complexidade e agregação de valor por meio da tecnologia (Veríssimo; Saiani, 2019).

Outra observação importante feita com base nessa ascensão é a possibilidade de o setor de serviços se sobressair em relação ao setor industrial em economias que já atingiram altos picos de desenvolvimento. Isso ocorre porque, à medida que uma economia se desenvolve, há aumento na demanda por produtos industriais mais complexos, os quais, por seu turno, exigem mais conhecimento. A busca por tal conhecimento é suprida por atividades especializadas em serviços. Logo, o avanço da indústria também tem impacto considerável sobre o setor de serviços (Veríssimo; Saiani, 2019).

Podemos questionar: E no Brasil, como se materializa a ascensão do setor de serviços? Qual é a relação desse setor com o desenvolvimento da economia brasileira?

A Pesquisa Anual de Serviços (PAS) realizada em 2019 pelo Instituto Brasileiro de Geografia e Estatística (IBGE, 2022), estimou que a atividade de prestação de serviços não financeiros reuniu 1,4 milhão de empresas ativas, as quais foram responsáveis por ocupar 12,8 milhões de pessoas e pagar R$ 376,3 bilhões em salários, retiradas e outras remunerações. As empresas do setor registraram R$ 1,8 trilhão em receita operacional líquida, e R$ 1,1 trilhão de valor adicionado. Uma característica central do setor de serviços no Brasil é que, devido a sua heterogeneidade e às reduzidas barreiras à entrada na maioria de seus segmentos, o setor tende a apresentar índices de concentração relativamente mais baixos.

Vale ressaltar que a PAS investiga anualmente:

> empresas que atuam nos seguintes setores de serviços empresariais não financeiros: serviços prestados principalmente às famílias; serviços de informação e comunicação; serviços profissionais, administrativos e complementares; transportes, serviços auxiliares dos transportes e correio; atividades imobiliárias; e, serviços de manutenção e reparação, além de outras atividades de serviços. (IBGE, 2019)

A fim de demonstrarmos a evolução do setor de serviços no Brasil pela perspectiva do emprego, apresentamos no Quadro 1.1

uma síntese dos indicadores selecionados nos anos de 2010 e 2019 por segmento de serviço.

Quadro 1.1 – Indicadores selecionados de empregos por segmento de serviço

	Total	Serviços prestados principalmente às famílias	Serviços de informação e comunicação	Serviços profissionais, administrativos e complementares
2019	9 Média de pessoas ocupadas 2,3 Salário médio mensal (salários mínimos) (1)	7 Média de pessoas ocupadas 1,5 Salário médio mensal (salários mínimos) (1)	10 Média de pessoas ocupadas 4,5 Salário médio mensal (salários mínimos) (1)	12 Média de pessoas ocupadas 2,0 Salário médio mensal (salários mínimos) (1)
2010	11 Média de pessoas ocupadas 2,5 Salário médio mensal (salários mínimos) (1)	7 Média de pessoas ocupadas 1,4 Salário médio mensal (salários mínimos) (1)	10 Média de pessoas ocupadas 5,7 Salário médio mensal (salários mínimos) (1)	14 Média de pessoas ocupadas 2,1 Salário médio mensal (salários mínimos) (1)
	Transporte, serviços auxiliares aos transportes e correio	Atividades imobiliárias	Serviços de manutenção e reparação	Outras atividades de serviços
2019	15 Média de pessoas ocupadas 2,8 Salário médio mensal (salários mínimos) (1)	4 Média de pessoas ocupadas 1,7 Salário médio mensal (salários mínimos) (1)	4 Média de pessoas ocupadas 1,6 Salário médio mensal (salários mínimos) (1)	10 Média de pessoas ocupadas 3,0 Salário médio mensal (salários mínimos) (1)
2010	16 Média de pessoas ocupadas 2,9 Salário médio mensal (salários mínimos) (1)	5 Média de pessoas ocupadas 2,5 Salário médio mensal (salários mínimos) (1)	4 Média de pessoas ocupadas 1,7 Salário médio mensal (salários mínimos) (1)	15 Média de pessoas ocupadas 2,9 Salário médio mensal (salários mínimos) (1)

Fonte: IBGE, 2019.

M.Style/Shutterstock

Em linhas gerais, os dados ilustrados de 2010 e 2019 revelam que o número médio de pessoas ocupadas nas empresas de serviços apresentou redução, passando de 11 para 9. Além disso, em média, cada empresa do setor de prestação de serviços pagou 2,3 salários mínimos em 2019, valor ligeiramente menor que a remuneração paga em 2010, 2,5 salários mínimos.

Com base em tal fato, seria correto afirmar que o setor de serviços está em recessão? Não necessariamente, visto que, atualmente, os serviços respondem pela maior parte do Produto Interno Bruto (PIB) de várias economias desenvolvidas e em desenvolvimento. Em uma perspectiva histórica, a participação percentual das atividades de serviços no PIB do Brasil passou de 67,18%, em 1995, para 73,88%, no ano de 2019, conforme evidencia o Tabela 1.1

Tabela 1.1 – Participação percentual dos setores da economia no PIB brasileiro, em percentuais de preços correntes

Ano	Indústria	Agropecuária	Serviços
1995	27,03	5,79	67,18
1996	25,55	5,45	68,99
1997	25,71	5,33	68,96
1998	25,14	5,4	69,46
1999	25,11	5,37	69,52
2000	26,75	5,52	67,73
2001	26,59	5,64	67,78
2002	26,37	6,42	67,22
2003	26,96	7,2	65,83
2004	28,63	6,67	64,69
2005	28,47	5,48	66,05
2006	27,68	5,14	67,18
2007	27,12	5,18	67,70
2008	27,33	5,41	67,26
2009	25,59	5,24	69,18
2010	27,38	4,84	67,78
2011	27,17	5,11	67,72
2012	26,03	4,9	69,07
2013	24,85	5,28	69,87

(continua)

(Tabela 1.1 – conclusão)

Ano	Indústria	Agropecuária	Serviços
2014	23,79	5,03	71,18
2015	22,52	5,02	72,46
2016	21,23	5,66	73,11
2017	21,11	5,34	73,55
2018	21,19	5,16	73,65
2019	20,93	5,18	73,88

Fonte: Ipeadata, 2021.

Logo, historicamente o setor de serviços tem representatividade majoritária em relação à indústria e à agropecuária na composição do PIB, manifestando crescimento substancial. Entre as cinco regiões do Brasil, a Região Sudeste registrou a maior participação na geração de receita bruta de serviços, com 63,9% do valor apurado no país em 2019. Em 2010, as demais regiões ganharam espaço, com destaque para a Região Sul, que avançou em 1,3 pontos percentuais, atingindo 15,5% de participação. O *ranking* regional prossegue com as Regiões Nordeste, Centro-Oeste e Norte, que detiveram 10,2%, 7,7% e 2,7%, respectivamente (IBGE, 2019).

No que se refere à evolução do emprego na economia brasileira, o setor de serviços também se destaca.

> Em 1950, 19,1% dos empregos concentravam-se no setor de serviços, 16,4% no setor da indústria e 64,3% na agricultura. Já em 2011 esses percentuais eram 63,7%, 20,1%, 16%, respectivamente. Houve, praticamente, uma inversão entre os percentuais dos setores de serviços e agricultura nesse período, tendo a indústria se mantido em percentual semelhante. Boa parte dessa migração pode ser justificada pela inovação e automatização de processos, pela reduzida oferta de empregos no campo versus aumento da oferta de empregos na cidade, principalmente nos grandes centros. (Della Rosa, 2020)

De acordo com Fernanda Della Rosa (2020), o setor terciário (de serviços) tem grande relevância na cadeia produtiva brasileira. Essa importância está relacionada a seu alto potencial de geração de postos de trabalho, com efeitos de natureza social que impactam diretamente na vida das famílias e na economia do país. Contudo, os salários são, em geral, menores no setor de serviços quando comparados aos da indústria, por exemplo. A rotatividade de pessoal costuma ser maior justamente por essa razão. Não obstante, é, sem dúvida, um setor muito importante por empregar grande número de pessoas (Della Rosa, 2020).

Em termos de produtividade, Della Rosa (2020) observa que é possível dividir o setor de serviços em dois grandes grupos:

1. Com menor valor adicionado – Em geral, os empregados recebem salários menores e têm escolaridade reduzida. Além disso, a prestação de serviços não requer um conhecimento técnico específico. São, por exemplo, serviços de limpeza, zeladoria e lavanderia.
2. Com maior valor agregado – Nesse grupo, em geral, a remuneração tende a ser maior, a rotatividade acontece em menor grau, dada a exigência de maior conhecimento técnico específico. São serviços de informação, comunicação, educacionais, financeiros, bancários, de saúde, de transportes, de seguros, além de atividades relacionadas ao setor imobiliário, ao turismo, à tecnologia, às telecomunicações, entre outros.

Esse conjunto de informações evidencia que, em sua heterogeneidade e amplitude, o setor de serviços, além de ter profunda inserção nos negócios, apresenta grandes perspectivas de êxito. Para isso, as empresas do setor devem demonstrar um potencial estratégico, cuja modernização e sofisticação contribuam para aumentar a competitividade e a lucratividade no longo prazo.

1.2 Modelos de negócios e novas formas de gestão

Seria impossível descrevermos todos os modelos de empreendimento vigentes, pois as organizações do século XXI estão inseridas em um cenário complexo e repleto de mudanças.

Na década de 1990, ninguém poderia imaginar, por exemplo, o alcance que o marketing digital teria. Realizar uma operação bancária sem ter de ir ao banco também era algo inimaginável. Desenvolver habilidades profissionais e conquistar diplomas, há alguns anos, exigia, para muitas pessoas, ter de se deslocar, realidade que a modalidade de ensino a distância (EAD) vem mudando com qualidade.

Obviamente, a tecnologia foi (e é) determinante para haver tais mudanças, mas, é preciso registrar, estas não se materializam sem o engajamento da sociedade. Cada vez mais, os empreendimentos têm buscado formas de se adaptar e de se inserir no mercado a fim de se manterem competitivos. As empresas que não fazem esforços inovadores não sobrevivem, fecham portas em meio às crises ou, então, sobrevivem a um custo muito alto.

Ainda tratando de esforços inovadores, elencamos no Quadro 1.2 cinco modelos de negócios em ascensão os quais são os mais constantes nos empreendimentos na atualidade.

Quadro 1.2 – Empreendimentos na atualidade

Modelo de negócio	Características	Exemplos
Franquias	Sistema no qual uma empresa franqueadora cede ao franqueado o direito de usar a marca ou a patente, fazer a distribuição de produtos ou serviços e usar a tecnologia de implantação, administração de negócio ou sistema operacional do franqueador.	McDonald's; OdontoCompany; CCAA.
Empresa familiar	Empreendimento gerido por uma ou mais famílias, com sucessão de liderança hereditária.	Mais comum em pequenas e médias empresas.
Cooperativas	Empreendimento que pode ser dirigido por seus próprios associados, com vantagens na comercialização e obtenção de crédito, por exemplo.	Unimed; Sicoob; Sicred.
Associação	Reúne pessoas físicas ou jurídicas com objetivos comuns, a fim de superar dificuldades e gerar benefícios.	Associação de empresas brasileiras de TI.

(continua)

(Quadro 1.2 – conclusão)

Modelo de negócio	Características	Exemplos
Serviços digitais	São ofertados especialmente pela internet. Esse mercado cresce exponencialmente e representa grandes oportunidades para empreendedores.	Nubank; Dasa; empresas de marketing digital.

Fonte: Elaborado com base em Souza, 2012.

Além dos modelos apresentados no Quadro 1.2, é importante destacar que o formato *home office* está em crescimento desde 2020. Certamente essa é uma tendência que veio para ficar, pois propicia a execução de serviços a partir de qualquer lugar. Trata-se de um modelo que permite, por exemplo, que um profissional venda seus serviços sem sair de casa, reduzindo custos de manutenção da empresa e de transporte. Não é uma realidade que se aplica a todo tipo de profissão; todavia, nos casos em que existe essa possibilidade, muitas empresas aderem a ela a fim de otimizar recursos.

A Sociedade Brasileira de Teletrabalho e Teleatividades (Sobratt), com a SAP Consultoria, divulgou os resultados da "Pesquisa *Home Office* 2020", considerando as mudanças implementadas pelas empresas decorrentes da Covid-19. O estudo realizado com mais de 500 empresas demonstrou que o *home office* é uma prática difundida no Brasil, visto que 46% das organizações o implementaram de maneira estruturada, e 72% das empresas pretendem manter a prática (Pesquisa..., 2020).

Outra tendência no século XXI é a dos serviços digitais, com a vantagem da descentralização administrativa. Essa é uma característica que se propagou no mercado, em especial pela redução dos custos operacionais. Diferentemente de uma "empresa física", que requer infraestrutura ou ponto comercial, a empresa virtual não necessariamente demanda o contato físico com o cliente. Na maioria dos casos, quando se associa tecnologia de ponta a ferramentas apropriadas, a oferta de um serviço digital alcança o público almejado. Ademais, o *e-commerce* e o *marketplace* são mecanismos de que as empresas vêm se apropriando para lançar seus serviços.

Aderir às tendências, sem dúvida, é condição fundamental para os empreendimentos em ascensão. Contudo, as facilidades propiciadas pela tecnologia não alcançam êxito por si sós. Indiferentemente do modelo de negócio do empreendimento, ou mesmo quando ele é centralizado ou não, é fundamental uma boa gestão. A seguir, versaremos sobre os 4 Ps da gestão de negócios.

1.2.1 Os 4 Ps da gestão de negócios

O conceito de gestão está relacionado à administração dos recursos disponíveis em uma organização. Esses recursos podem ser materiais, financeiros, humanos, tecnológicos ou de informação. A esse respeito, Gassenferth et al. (2015) demonstram que uma gestão empresarial eficaz requer investimento e domínio em temas que envolvem os 4 Ps da gestão:

1. Planejamento – Diz respeito às metas e estratégias necessárias para o crescimento da empresa no curto e longo prazo, as quais devem estar associadas a uma visão sistêmica tanto da organização nos sentidos vertical (funções) e horizontal (processos) do trabalho, quanto do mercado em que a empresa está inserida.
2. Processos – É a atenção ao controle empresarial por meio de indicadores-chave de desempenho, e à arquitetura organizacional da empresa de forma sincronizada com os serviços prestados.
3. Pessoas – Visando motivá-las, é importante que sejam colocados em evidência temas como liderança, trabalho em equipe, desenvolvimento de competências e educação continuada.
4. Projetos – Devem estar voltados a todas as partes interessadas na empresa, envolvendo formação de equipes e práticas de gerenciamento direcionadas não apenas para a lógica empresarial, mas também para atividades sem fins lucrativos.

Para além dos 4 Ps, a sustentabilidade precisa estar em evidência na gestão. Segundo Gassenferth et al. (2015), a sustentabilidade é uma forma de agir e de tomar decisões levando em conta aspectos econômicos, financeiros, ambientais, culturais e sociais. Ela deve orientar princípios e ações que promovam o crescimento do negócio e a preservação do ambiente que o envolve. Na Figura 1.1, ilustramos a evolução história da sustentabilidade e da responsabilidade social corporativa.

Figura 1.1 – Evolução história da sustentabilidade e da responsabilidade social corporativa

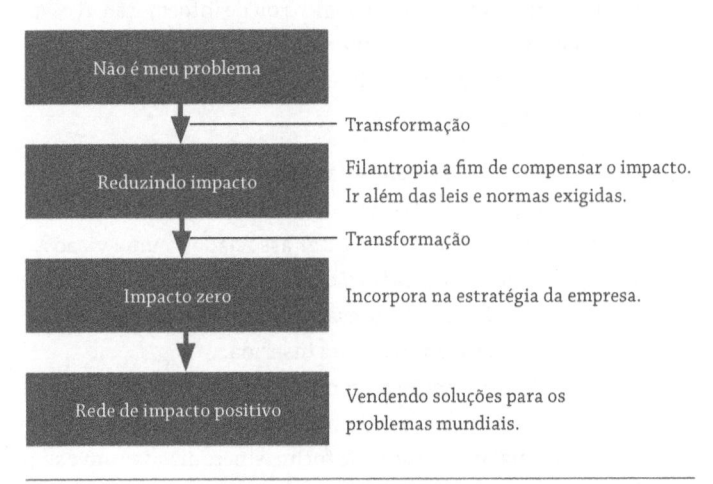

Não é meu problema	
↓ Transformação	
Reduzindo impacto	Filantropia a fim de compensar o impacto. Ir além das leis e normas exigidas.
↓ Transformação	
Impacto zero	Incorpora na estratégia da empresa.
↓	
Rede de impacto positivo	Vendendo soluções para os problemas mundiais.

Fonte: WWF Brasil, 2020.

Está claro que as práticas de responsabilidade social estão ganhando centralidade em um número crescente de corporações, as quais visam associar retorno econômico a ações sociais e preservação ambiental. Reconhecendo a preocupação com a sustentabilidade como condição fundamental para os empreendimentos na atualidade, é função do gestor desenvolver uma visão estratégica capaz de engajar planejamento, processos e pessoas em projetos sustentáveis.

Além dessas estratégias, outra preocupação central das empresas bem-sucedidas é o relacionamento com os clientes, conforme comentaremos a seguir.

1.3 Relacionamento entre cliente e empresa

A competitividade, que aumenta em escala global, exige uma variedade de ferramentas e estratégias com vistas a fidelizar novos clientes nas organizações, uma vez que são eles que movimentam o lucro da empresa e agregam valor aos serviços prestados.

Negligenciar fatores como pós-venda e o relacionamento direto com o cliente são erros comuns e que podem ser fatais para algumas empresas. Isso porque os clientes buscam maior qualidade nos serviços prestados e no atendimento ofertado.

Ademais, os clientes anseiam ter reconhecimento. Reflita: como você gostaria de ser atendido em um restaurante, hotel, ou em uma rede de serviços de saúde? Seja qual for a circunstância – passeio, lazer ou saúde –, como clientes, sempre desejamos ser bem atendidos. Além do atendimento, nutrir um bom relacionamento com o cliente é determinante quando se deseja a fidelização desse ator.

Na realidade, o bom atendimento não pode ser interpretado como um diferencial, mas como condição básica de relacionamento. O diferencial se manifesta quando a empresa consegue surpreender o cliente. Em tal situação, além de criar vínculo com a empresa, passa a divulgar a marca ou o serviço para aqueles que conhece, contribuindo positivamente para a imagem da marca ou da organização.

Talvez você esteja se perguntando qual é a relevância desse tema no processo de formação de preços. A questão é fundamental, pois, como elucidaremos ao longo do livro, uma boa política de relacionamento com o cliente também envolve custos – o que não deve ser visto como algo ruim; ao contrário, investir, por exemplo, em marketing de relacionamento, é uma medida que muitas organizações estão tomando com altas projeções de retorno futuro.

Na prática, para além de visar ao aumento de lucro, o marketing de relacionamento auxilia as organizações a conquistar e fidelizar clientes, bem como a construir e disseminar sua marca, destacando-se em meio à concorrência. O resultado é uma combinação poderosa, que transforma a empresa em referência para os clientes:

> é importante notar que o marketing de relacionamento é uma estratégia que foca o médio e longo prazo, em que você consegue desenvolver uma relação contínua e progressiva com o cliente. Dessa maneira, um consumidor que compraria apenas um serviço ou produto básico da sua empresa passa a adquirir alternativas e soluções mais complexas. (Cresol, 2020)

Levando em conta a relevância do bom relacionamento entre a empresa e o cliente, é possível elencar, no mínimo, cinco razões para se investir em marketing de relacionamento (Cresol, 2020):

1. melhorar o atendimento ao cliente;
2. fidelizar consumidores atuais;
3. construir uma marca forte e renomada;
4. aumentar o faturamento;
5. incentivar o marketing boca a boca.

O Sebrae (2013) elenca diferentes meios para que um negócio conquiste e mantenha um bom relacionamento com seus clientes:

- **Assistência pessoal** – Envolve a interação humana no local, via telefone, aplicativos ou e-mail.
- **Assistência pessoal dedicada** – Quando há um representante inteiramente dedicado a certo grupo específico de clientes.
- *Self-service* – A empresa provê os meios para que o cliente realize os serviços por ele mesmo.
- **Serviços automatizados** – Quando a empresa utiliza recursos de automação para que o cliente obtenha o serviço, por exemplo, máquina de venda de refrigerantes.

❖ Comunidades *on-line* e páginas nas redes sociais – Criadas com vistas a divulgar os serviços, e solucionar possíveis dúvidas dos clientes.

❖ Cocriação – Quando há envolvimento do cliente para a criação ou desenvolvimento do serviço prestado.

Convém lembrar que todas as formas de interação visam, além de um bom relacionamento, à satisfação, que se traduz no sentimento de contentamento do cliente em todos os aspectos da relação estabelecida com a empresa. Entre os fatores que contribuem para isso, podemos destacar o preço justo, as condições de pagamento, o valor qualitativo do serviço prestado, a conveniência, o bom atendimento, a qualidade empresarial e a postura ética. Ademais, medir a satisfação do cliente é fundamental para identificar o que ele pensa acerca da empresa e de seus produtos ou serviços, e como foi atendida a expectativa que ele tinha antes de procurá-la (Sebrae, 2015).

Nesse ponto de nossa explanação, cabe fazer uma importante distinção entre satisfação e qualidade, pois, embora sejam conceitos próximos, cada um tem suas particularidades. A **qualidade** diz respeito às dimensões do serviço em si, considerando-se elementos como confiança, segurança e tangibilidade, ao passo que a **satisfação** deve ser mais inclusiva e é influenciada pelas percepções da qualidade do serviço, do preço, de fatores pessoais, entre outros (Sebrae, 2015).

Um passo importante para alcançar a satisfação é distinguir o perfil do cliente, fazendo o público-alvo encontrar e se interessar pelo serviço prestado. Em linhas gerais, o perfil do cliente varia segundo a segmentação do mercado em que a empresa se insere.

Segmentação do mercado é a divisão do mercado total em diferentes grupos de consumidores com características, comportamentos e necessidades semelhantes (Maximiano, 2010). Nesse aspecto, o perfil dos clientes diz respeito a características como idade, sexo, renda, grau de instrução, ocupação, localização, etc. São exemplos as seguintes categorias: atletas, idosos, adolescentes, mulheres jovens, gestantes e estudantes.

São inúmeros os perfis, e essa percepção é crucial para que a empresa estabeleça o tipo de cliente a quem determinado serviço é direcionado para, com isso, traçar metas para alcançar o público desejado. É evidente que a empresa precisa se organizar financeiramente para investir determinado percentual do faturamento na relação com os clientes. Para avaliar o custo-benefício de cada estratégia, uma boa gestão de custos é essencial. Avançando nesse conhecimento, adentramos, a seguir, no que a teoria chama de *custos invisíveis*.

1.4 IMPORTÂNCIA DOS CUSTOS INVISÍVEIS E DO CUSTO DE OPORTUNIDADE

A teoria econômica abrange diferentes tipos de custos de difícil mensuração, o que demonstra a necessidade de considerá-los na análise. Os custos normalmente estão relacionados àquilo que é incerto, demandando identificar e mapear esses elementos com acurácia para que os gestores tenham subsídios para tomar as devidas providências.

Do ponto de vista contábil, **custos invisíveis** são aqueles gastos que não são contabilizados nas despesas mensais, sobretudo porque não se desembolsa um valor específico quando ocorrem seus eventos geradores, e, por isso, pouca importância é dada a eles. Todavia, no longo prazo, a cobrança, inesperada ou não, acontecerá e acarretará um prejuízo que poderia ser evitado ou, ainda, uma oportunidade de negócios perdida (Cabello; Silva, 2017).

Semelhantes aos custos invisíveis são os **custos de oportunidade**, os quais se referem a situações não aproveitadas pela empresa, quando esta não emprega os recursos da melhor maneira possível. É um conceito teórico que mensura o custo daquilo de que se abre mão quando é preciso fazer uma escolha de qualquer natureza. Esse custo se diferencia de um custo real, também conhecido como *custo contábil*, que tem caráter direto e quantitativo. Se a empresa, por exemplo, possui uma reserva monetária com baixo rendimento mensal, possivelmente seja mais interessante reinvestir esse recurso em algo que dê mais retorno, como a aquisição de um bem ou a implementação de algum treinamento específico.

O conceito de custo de oportunidade tem destacada relevância e grande potencial de aplicação na avaliação de resultados das empresas. Goulart (2002) salienta que, mesmo intuitivamente, esse custo tem impacto nas decisões pessoais tomadas diariamente, podendo ser aplicado em diferentes fases do processo decisório, bem como no planejamento e nas decisões de investimento.

Tal como o custo de oportunidade, os custos invisíveis podem ser identificados em diferentes campos da gestão (Zaffani, 2006):

- **Relações humanas** – Relacionados ao clima organizacional e à falta de direcionamento adequado para aperfeiçoar os talentos internos, pois uma equipe sem preparo ou sem treinamento tende a ter um rendimento menor.
- **Controles** – Relacionados a controles internos em excesso que não agregam valor, a exemplo de dados desnecessários, excesso de burocracia e falta de organização.
- **Pessoal** – Problemas de motivação e interesse, a exemplo da falta de cooperação entre a equipe e ausência de proatividade.
- **Recursos materiais** – Gerados pela ociosidade de ativos e problemas de manutenção, como mau uso de bens e instalações e do uso de tecnologias obsoletas.
- **Gestão** – Relacionados ao uso de sistemas e processos inadequados, ou a gestores passivos e ausentes.
- **Treinamento/qualidade** – Ligados à ineficácia e à falta de eficiência.

Cabello e Silva (2017) defendem que é preciso identificar os custos invisíveis, pois, quando são contabilizados em uma projeção mais longa, há contribuição significativa para as decisões alocativas. A esse respeito, os autores ressaltam que "apesar de serem invisíveis ou ocultos, trata-se de custos gerenciáveis que podem ensejar a sua adequada avaliação" (Cabello; Silva, 2017, p. 216).

Para Nascimento e Souza (2003), um dos principais motivos que levam o gestor a refletir sobre a aplicação de um recurso em determinada alternativa é o outro curso de ação que poderia ser adotado com aquele mesmo recurso. Está implicado aí o questionamento: O que poderia proporcionar um retorno mais satisfatório? Na prática, os recursos – naturais, físicos ou financeiros – são escassos, e sua administração deve estar voltada para a obtenção do melhor resultado possível. De acordo com esses autores, as decisões da empresa envolvem o ato de escolha para a aplicação de dado recurso, de modo que essa premissa abrange os seguintes aspectos:

> o primeiro, é que antes da decisão ser tomada, deve haver uma análise prévia do resultado de cada alternativa considerada, com o propósito de exercer-se a opção de escolha sobre aquela que melhor satisfaça à condição de otimização do recurso usado; o segundo, é que a implementação da decisão determina o abandono de benefícios, decorrente das alternativas rejeitadas, cujo impacto deveria ser mensurado e considerado no resultado apurado da decisão tomada, com o propósito de se conhecer a contribuição efetiva da escolha feita para com o resultado global da empresa. (Nascimento; Souza, 2003, p. 2)

Isso evidencia a relevância dos conceitos de custos invisíveis e custos de oportunidade, tanto no que tange a sua mensuração, quanto à avaliação e à escolha da melhor alternativa nas circunstâncias em que a decisão precisa ser tomada pelo gestor.

Em suma, mais do que mensurar um custo invisível ou um custo de oportunidade, a preocupação do gestor deve estar voltada para sua aplicação em toda a fase do processo decisório, sobretudo antes de a decisão ser tomada, como um elemento orientador e de avaliação de desempenho. Essa conduta favorece a correta identificação das contribuições de cada ação para o resultado da empresa. Com o nível de competição atual, é preciso atentar para todos os detalhes que possam comprometer a gestão, o bom andamento da empresa e a lucratividade.

1.5 A COMPLEXIDADE DA COMPETIÇÃO

Na contemporaneidade, tudo o que envolve a área de negócios sofre impactos da globalização em seus mais diferentes aspectos, pois, sem dúvida, houve uma transformação em grande escala na economia mundial. No âmbito comercial, a competitividade passou a ser global. Agora, as empresas nacionais não competem unicamente entre si; elas precisam lidar com seu público considerando também o que é ofertado pelo mercado internacional.

Essa realidade competitiva se aplica ao setor de serviços e, até mesmo, às pequenas e médias empresas; em verdade, em tais circunstâncias, a competitividade tende a ser ainda mais intensa, pois quanto mais heterogêneo é o mercado, maior é a concorrência.

Segundo o IBGE (2019), por causa de sua heterogeneidade e das reduzidas barreiras à entrada na maioria de seus segmentos, o setor de serviços tende a apresentar índices de concentração relativamente mais baixos. Em 2019, as oito maiores empresas prestadoras de serviços não financeiros geraram 9,1% da receita operacional líquida do setor. Esse resultado foi influenciado, principalmente, pela diminuição de concentração do segmento de serviços de informação e comunicação, cujo índice atingia 40,6% em 2010, e passou para 36,0% em 2019. Essa tendência também foi percebida nos segmentos de transportes, serviços auxiliares aos transportes e correio, serviços prestados – principalmente – às famílias, serviços profissionais, administrativos e complementares.

Essa característica remete à predominância de empresas pequenas e as recentes transformações tecnológicas proporcionadas pelas TICs, que vêm atingindo o setor e que têm alterado o poder competitivo consolidado de empresas tradicionais em favor de novas empresas, sobretudo aquelas de base tecnológica (IBGE, 2017).

A evidente descentralização do setor de serviços está diretamente associada às novas empresas que entram de forma competitiva no mercado. Mais que uma tendência, o empreendedorismo é uma prática que vem se fortalecendo no Brasil. Conforme já mencionamos, seja por oportunidade, seja por necessidade, muitos trabalhadores renunciam à estabilidade para buscar um retorno maior, assumindo os riscos de serem autônomos, ou se lançam no mercado competitivo por já estarem em uma situação de vulnerabilidade.

Para ilustrar a amplitude do setor de serviços, o Gráfico 1.1 demonstra a participação percentual das classes no valor adicionado do PIB a preços básicos entre 2000 e 2020.

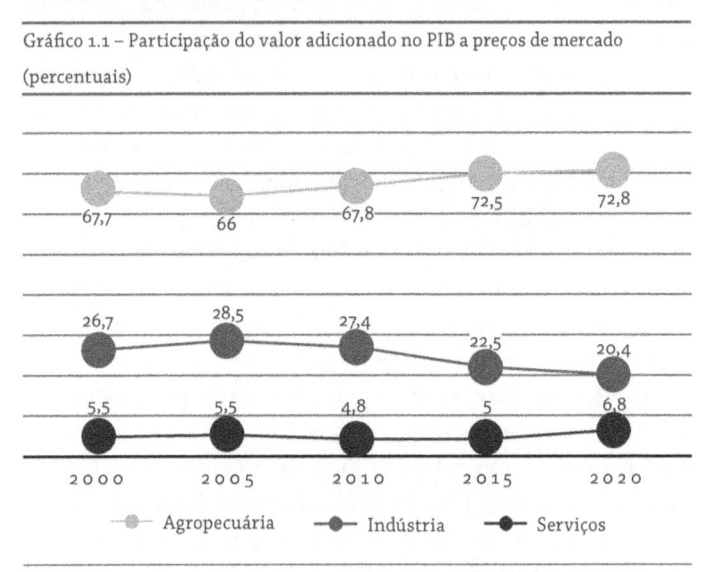

Gráfico 1.1 – Participação do valor adicionado no PIB a preços de mercado (percentuais)

	2000	2005	2010	2015	2020
Serviços	67,7	66	67,8	72,5	72,8
Indústria	26,7	28,5	27,4	22,5	20,4
Agropecuária	5,5	5,5	4,8	5	6,8

Fonte: Elaborado com base em IBGE, 2020.

O Gráfico 1.1 evidencia que o setor de serviços, que envolve também o comércio, destaca-se por sua alta representatividade no PIB, alcançando 72,8% no ano de 2020, ao passo que, na indústria e na agropecuária, esse percentual cai para 20,4% e 6,8%, respectivamente. Outra informação relevante e preocupante do gráfico é a queda da indústria em 6,3% entre 2000 e 2020. Em contrapartida, houve a ascensão do setor de serviços em 5,1% no mesmo período.

Na prática, esses dados corroboram a afirmação de que no Brasil muitas pessoas entram no setor de serviços por necessidade, haja vista a nítida queda da indústria. Uma unidade industrial a menos no mercado abre margem para a alta taxa de desemprego. Consequentemente, pelo fato de muitos trabalhadores buscarem oportunidades no mercado na condição de autônomos, o setor de serviços passa a ser cada vez mais heterogêneo.

Cada nova empresa entrante no mercado o torna mais descentralizado e, por conseguinte, mais competitivo. Contudo, a concorrência não é necessariamente prejudicial; ela deve estimular a empresa a aprimorar suas atividades, introduzir inovações e incorporar atributos aos serviços a fim de alcançar a satisfação dos clientes, superando também suas expectativas.

Para se manter competitiva, além de não perder o foco no cliente, a empresa deve estar atenta aos concorrentes, enfrentando os desafios de oferecer benefícios relativos ao preço e aos diferenciais de qualidade. Afinal, a concorrência pressupõe basicamente a existência de outras empresas que, por sua vez, também traçam estratégias para permanecer no mercado.

Uma das formas de analisar os concorrentes é dividi-los em grupos, segundo suas características relativas a capacidades e estratégias. Além dessa ferramenta, Kotler e Keller (2006), parafraseando Michael Porter, ressaltam a importância de analisar as forças competitivas do mercado, que se dividem em:

- ❖ Ameaça de rivalidade entre concorrentes – Um segmento torna-se pouco atraente se já contém muitos concorrentes fortes no mercado, ou se seus custos fixos são muito altos, pois tais condições podem ocasionar frequentes guerras de preço.
- ❖ Ameaça de novos concorrentes – A atratividade de um segmento varia de acordo com as barreiras à entrada e saída desse segmento, ou seja, se há facilidade para novas empresas ofertarem seus serviços ou se empresas de baixo desempenho conseguem sair facilmente do mercado. Por exemplo, quando as barreiras à entrada e saída são grandes, o potencial de lucro é elevado, porém o risco também é alto.
- ❖ Ameaça de substitutos – Um segmento não se torna interessante quando há substitutos reais ou potenciais para o

serviço ofertado. Nesses casos, a empresa precisa monitorar as tendências de preço frequentemente.
- ❖ Ameaça de poder de negociação dos clientes – Ocorre quando os clientes gozam de alto poder de barganha, comprometendo a lucratividade.
- ❖ Ameaça de poder de negociação dos fornecedores – Ocorre quando os fornecedores da empresa aumentam a possibilidade de elevar os preços ou reduzir as quantidades fornecidas.

Em sua complexidade, o setor de serviços é muito competitivo, e sobreviver em meio à concorrência requer planejamento estratégico. Logo, permanecer atento às forças competitivas é um modo de estar um passo à frente dos riscos, com vistas a minimizar possíveis custos.

Síntese

Neste capítulo, expusemos a relevância do setor de serviços, no qual a concorrência ocorre em termos globais e entre muitos competidores. Apresentamos diferentes ferramentas para tornar um negócio ainda mais competitivo, sem perder o foco no cliente e na qualidade do serviço prestado.

Sobre a gestão, evidenciamos que deve ser dada atenção especial ao planejamento, aos processos, às pessoas (incluindo os clientes) e aos projetos. Outro elemento-chave a ser observado são os custos invisíveis e os custos de oportunidade. Para que um negócio obtenha sucesso, é preciso estimar o que, aparentemente, é imensurável.

Ter esse olhar atento faz muita diferença diante da complexidade competitiva, que, aliás, deve considerar também as possíveis ameaças presentes no mercado.

marvent/Shutterstock

2

Política e estratégia de preços

Atribuir valor de venda para a comercialização de um serviço requer a análise de inúmeros fatores. A formação do preço de determinado serviço, por exemplo, embora pareça algo fácil, não é tão simples assim. Com o aumento da competitividade em escala global, cada vez mais as empresas enfrentam dificuldades para determinar o preço dos serviços em oferta; sobretudo porque ele sofre grande influência do mercado, da renda da população, da qualidade da oferta, das alternativas e das preferências do consumidor.

O mercado impele as empresas a ofertarem serviços de qualidade com preços que o consumidor esteja disposto a pagar. No entanto, os preços devem cobrir todos os custos e todas as despesas, além de conter margem suficiente para o retorno sobre o capital aplicado. ou, dito de outro modo, para o lucro (Machado; Machado; Holanda, 2006).

Nesse âmbito, é preciso considerar que preços muito elevados podem desencorajar determinado consumo, ao passo que preços baixos – dependendo das circunstâncias – tendem a estimular a procura do serviço ofertado. Todavia, o preço deve estar associado ao nível de concorrência em certo segmento de mercado. Se houver ampla competitividade, os preços tendem a oscilar com mais frequência; já, quando se trata da oferta de um serviço exclusivo, o preço tende a se manter mais estável.

Vale assinalar, política eficiente não significa, necessariamente, a implementação de preços altos ou baixos. Em verdade, a precificação estratégica deve contemplar a análise de custos gerais da empresa, seu equilíbrio operacional e o retorno desejado (Assef, 2010).

Em meio à complexidade da formação de preços, é preciso considerar que tal processo perpassa, resumidamente, os seguintes objetivos (Souza et al., 2006):

- sustentar a estratégia de posicionamento do negócio;
- atingir os objetivos financeiros propostos; e
- ajustar a oferta à realidade de mercado.

Logo, as decisões relacionadas ao preço podem ser consideradas estratégicas para a empresa, devendo ser embasadas em informações corretas. Ademais, o processo de precificação desempenha um papel fundamental para as empresas, o que as impulsiona a buscar uma postura proativa ante o mercado, e não simplesmente reagir aos acontecimentos do ambiente externo.

Nesse capítulo, comentaremos que, no âmbito dos serviços, a política de precificação deve estar alinhada a uma estratégia; expresso de outro modo, para estabelecer preços, é preciso ter objetivos claros que norteiem as etapas, mais precisamente o passo a passo da política de preços.

Complementarmente, evidenciaremos que essa política faz parte do processo de caracterização do serviço, o que favorece o mapeamento preciso, possibilitando a identificação dos principais pontos fracos e fortes do negócio, bem como a análise das variáveis que envolvem a precificação.

Contudo, o preço não é o único elemento importante. Ao buscar um serviço, o cliente leva em consideração qualidade, disponibilidade, assistência técnica e entrega, e é influenciado também pelo marketing. Isso significa que o preço deve ser compatível com as exigências do mercado, sem perder de vista o lucro que a empresa deseja obter, e a garantia da sobrevivência do negócio.

2.1 FORMAÇÃO DO PREÇO DE VENDA

A velha forma de determinar o preço de venda somando-se ao custo de produção uma margem de lucro determinada pelo proprietário do negócio, na prática, não existe mais. A concorrência exige que o cálculo do lucro seja feito subtraindo-se do preço de venda os custos de produção. No entanto, com o aumento da competitividade, o preço de venda passa a ser aquele praticado pelo mercado, e não o determinado pelo dono do negócio (Braga, 2008). Entender essa dinâmica é fundamental para qualquer empresa que deseja se fortalecer no mercado.

Então, não é preciso se preocupar com o lucro? Evidentemente, a balança não é tão simples. Há de se reconhecer que os custos são elementares no processo de precificação; entretanto, um gestor não pode formar seus preços considerando somente a margem de lucro que almeja. Essa deve ser sinalizada pelas condições do mercado no qual a empresa está inserida, uma vez que a análise e o acompanhamento constante das estratégias de concorrência, tanto dos aspectos financeiros, quanto mercadológicos, são essenciais em qualquer atividade empresarial (Assef, 2010).

Portanto, quem forma o preço é o mercado. E estar atento às regras do mercado é condição primordial para que as empresas não comprometam sua capacidade competitiva. Logo, no processo de formação de preços, é preciso evitar especialmente mitos como o de que o consumidor é atraído somente pelo preço. Na prática, além de observar o preço, o cliente busca qualidade e a legitimidade da empresa ou marca. Desse modo, a presença de serviços alternativos ou similares também pode afetar a demanda e pressionar a empresa a baixar seus preços; já uma empresa livre de concorrência tem uma margem maior para formar seus preços sem grandes problemas (Machado; Machado; Holanda, 2006).

Na prática, não há uma única regra para a formação de preços, mas existem etapas que toda empresa pode seguir ao iniciar esse processo. Levando em conta um conjunto de variáveis, a Figura 2.1 ilustra que a formação de preços deve ser uma consequência das etapas ali expressas.

Figura 2.1 – Etapas da precificação

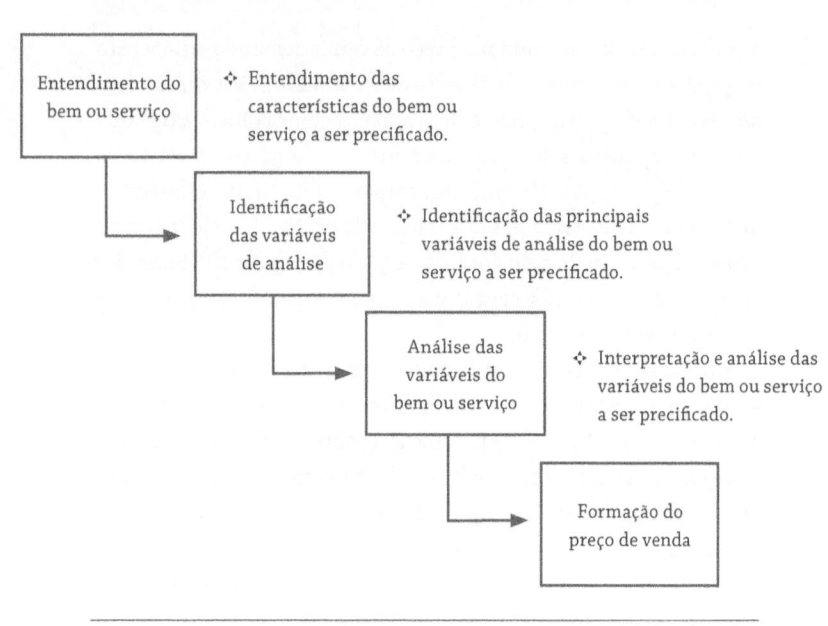

| Entendimento do bem ou serviço | ❖ Entendimento das características do bem ou serviço a ser precificado. |

| Identificação das variáveis de análise | ❖ Identificação das principais variáveis de análise do bem ou serviço a ser precificado. |

| Análise das variáveis do bem ou serviço | ❖ Interpretação e análise das variáveis do bem ou serviço a ser precificado. |

| Formação do preço de venda |

Fonte: Cruz et al., 2012, p. 18.

Portanto, a formação de preços ocorre somente após a identificação dos serviços e da análise de suas variáveis. Vale ressaltar que o preço, além de corresponder ao conjunto de características do mercado, deve estar alinhado às estratégias da empresa "observando[-se] as estruturas de marketing, operacional, de pessoas, da tecnologia, financeira, entre outras" (Cruz et al., 2012, p. 26).

Em síntese, o processo de precificação de um serviço só pode ser concluído após a ampla compreensão do ambiente interno e externo do negócio, considerando-se todas as variáveis. Nas próximas seções deste capítulo, comentaremos sobre as variáveis que perpassam o processo de precificação. Antes, vale fazer uma reflexão sobre a diferença entre precificar produtos e serviços.

2.2 PRECIFICAÇÃO ESTRATÉGICA: A DIFERENÇA ENTRE PRECIFICAR PRODUTOS E SERVIÇOS

Como precificar uma consultoria, uma mentoria, uma viagem ou uma assessoria de marketing? Na prática: como é possível encontrar um "preço justo" para um serviço?

Não há uma resposta única para essas questões, tampouco uma fórmula matemática que contemple tal complexidade. Para precificar um produto, é preciso mensurar seus insumos, os custos fixos e variáveis. No preço de um hambúrguer, por exemplo, certamente estará embutido o custo da carne, do queijo, do pão e dos demais ingredientes. Somam-se a isso os custos fixos, que estarão divididos na quantidade média de hambúrgueres que uma hamburgueria vende.

E como mensurar o preço de uma consulta, ou de algo que não necessariamente contemple insumos tangíveis? Pode-se considerar um preço por hora, pautado na concorrência, ou mesmo na qualificação ou formação do profissional que oferece o serviço. São diversas as possibilidades e, justamente por isso, há sempre o risco de o gestor se perder nesse processo, pois, além da concorrência e da competência do profissional, é preciso incluir no preço dessa consulta os tributos, os custos com marketing, propaganda, recursos humanos etc.

Para minimizar esse risco, a fim de contemplar as diferentes variáveis que integram a formação de preços, a proposta aqui é elaborar uma precificação de forma estratégica.

A precificação é o processo de determinar o valor ou uma quantia em moeda que deve ser entregue em troca de um produto ou serviço. Embora esse processo pareça simples, na prática, há um conjunto de variáveis envolvidas.

A correta formação de preços de venda é fundamental para a sobrevivência e o crescimento das empresas, independentemente da área de atuação. Uma política coerente na formação de preços é determinante para que as empresas atinjam seus objetivos de lucro, crescimento em longo prazo, desenvolvimento de sua equipe profissional, bem como um atendimento qualificado a seus clientes (Assef, 2010).

Atualmente, os preços orientam a demanda por certo serviço, até mesmo porque os mecanismos de pesquisa são cada vez mais eficientes. Com o desenvolvimento da tecnologia e o imediatismo do alcance às informações, o consumidor pode fazer uma boa pesquisa de preços sem precisar sair de casa.

Muitos serviços podem ser ofertados à distância de forma totalmente *on-line*. Esse fator implica reconhecer que, em muitas atividades, a concorrência não ocorre somente na esfera local, mas abrange um cenário amplo que pode influenciar consideravelmente o preço do serviço.

Considerando tal complexidade, elencamos aqui objetivos centrais que devem contemplar a política correta de formação de preços (Assef, 2010):

- Proporcionar, a longo prazo, o maior lucro possível – A empresa deve se perpetuar no mercado.
- Permitir maximização "lucrativa" da participação de mercado – É preciso pensar não somente no faturamento, mas também na lucratividade, o que pode resultar, por exemplo, na necessidade de ofertar, temporariamente, um serviço a preço de custo no caso de concorrência agressiva.
- Maximizar a capacidade da oferta evitando ociosidade operacional – De nada adianta ofertar um serviço a preço reduzido se houver comprometimento da qualidade. Por seu turno, um preço acima do mercado pode levar à ociosidade da equipe ou dos insumos, aumentando os custos invisíveis.
- Maximizar o capital empregado para perpetuar os negócios de modo autossustentado – Para que a ampliação do capital investido retorne como lucro, é crucial a aplicação de uma política coerente de preços.

Para o alcance desses objetivos, a **precificação estratégica** deve ser empregada como ferramenta, pois envolve a coordenação de decisões inter-relacionadas de marketing, competitividade e finanças para uma fixação lucrativa de preços. Nagle e Hogan (2007) destacam que a precificação estratégica requer a previsão dos níveis de preços no início do processo de desenvolvimento de um serviço, para a melhor compreensão dos conceitos capazes de criar e captar o valor que justifique seu custo.

A complexidade existe especialmente porque não há uma fórmula específica para a formação dos preços. Na prática, deve-se levar em conta o ambiente em que cada negócio está inserido, além de conhecer em profundidade as especificações técnicas, financeiras e comerciais envolvidas, possibilitando a identificação das variáveis acerca do serviço a ser precificado. Somente após o pleno entendimento dessas variáveis é que se faz uma análise e se estabelece o preço a ser ofertado aos possíveis clientes.

2.3 Caracterização de um serviço

Conforme declaramos no Capítulo 1, as atividades de serviço envolvem aquelas intensivas em recursos humanos e as intensivas em capital, como as atividades de infraestrutura econômica – telecomunicações, distribuição de água e de energia elétrica. Quanto às características gerais do setor de serviços, Meirelles (2005, p. 5) afirma que:

> serviço é trabalho em processo, e não o resultado da ação do trabalho; por esta razão elementar, não se produz um serviço, e sim se presta um serviço. Neste sentido, o produto ao qual os serviços estão relacionados pode ser tangível ou intangível, ou seja, tanto pode ser um bem físico ou uma informação, pois o que caracteriza efetivamente uma atividade como de serviço é, única e exclusivamente, a realização de trabalho em processo.

Ademais, há quatro conceitos importantes que caracterizam a atividade de prestação de serviço (Silva et al., 2016):

1. Intangibilidade – É a impossibilidade de tocar um serviço.
2. Inseparabilidade – A produção e o consumo de um serviço ocorrem simultaneamente, ou seja, não podem acontecer de forma isolada.
3. Heterogeneidade – É a entrega diversificada de serviços de cliente para cliente.
4. Perecibilidade – É a impossibilidade de se estocar serviços.

Além dessas particularidades, a Organização Mundial do Comércio (OMC) elenca uma classificação com 12 categorias a fim de que se possa compreender melhor a abrangência do setor de serviços. Essa classificação também é referida como W120, sigla utilizada pela OMC (Brasil, 2020). Eis esse rol:

1. Serviços de empresas
    a. Serviços profissionais
    b. Serviços de informática e conexos
    c. Serviços de pesquisa e desenvolvimento
    d. Serviços imobiliários
    e. Serviços de arrendamento ou aluguel sem operador
    f. Outros serviços de empresas
2. Serviços de comunicação
    a. Serviços postais
    b. Serviços de correio
    c. Serviços de telecomunicações
    d. Serviços audiovisuais
3. Serviços de construção e serviços relacionados à engenharia
    a. Trabalhos gerais de construção de edificações
    b. Trabalhos gerais de construção de engenharia civil
    c. Trabalhos de instalação e montagem
    d. Trabalhos de conclusão e acabamento de edificações
    e. Outros
4. Serviços de distribuição
    a. Serviços de agentes comissionados
    b. Serviços comerciais de atacado

c. Serviços de varejo
d. Franquias
e. Outros
5. Serviços educacionais
   a. Serviços de ensino primário
   b. Serviços de ensino secundário
   c. Serviços de ensino superior
   d. Serviços de ensino de adultos
   e. Outros serviços de ensino
6. Serviços de meio ambiente
   a. Serviços de esgoto
   b. Serviços de disposição de resíduos
   c. Serviços de saneamento e similares
   d. Outros
7. Serviços financeiros
   a. Seguros e serviços relacionados com seguros
   b. Serviços bancários e outros serviços financeiros
8. Serviços de saúde e sociais
   a. Serviços hospitalares
   b. Outros serviços de saúde
   c. Serviços sociais
   d. Outros
9. Serviços de turismo e relacionados
   a. Hotéis e restaurantes, inclusive os serviços de fornecimento
   b. Serviços de agências de viagens e operadoras de turismo
   c. Serviços de guias de turismo com viagens
   d. Outros
10. Serviços de diversão, culturais e esportivos
    a. Serviços de entretenimento
    b. Serviços de agências de notícias
    c. Serviços de bibliotecas, arquivos, museus e outros serviços culturais
    d. Serviços desportivos e outros serviços de diversão
    e. Outros

11. Serviços de transporte
    a. Serviços de transporte marítimo
    b. Serviços de transporte por via de navegação interiores
    c. Serviços de transporte aéreo
    d. Serviços de transporte pelo espaço
    e. Serviços de transporte ferroviário
    f. Serviços de transporte rodoviário
    g. Serviços de transporte por dutos
    h. Serviços auxiliares aos meios de transporte
    i. Outros serviços de transporte
12. Outros serviços não incluídos anteriormente

Tendo em vista a abrangência do setor de serviços, bem como suas referidas peculiaridades, o desafio de formar preços torna-se cada vez mais complexo, sobretudo com a redução das barreiras comerciais e a consequente ampliação da concorrência.

A fim de alcançarmos êxito em estabelecer um preço justo e que seja coerente com a realidade na qual o negócio está inserido, arrolaremos aqui as quatro etapas que contemplam o processo de precificação estratégica no setor de serviços (Cruz et al., 2012):

1. Entendimento do serviço.
2. Identificação das variáveis de análise.
3. Análise das variáveis do serviço.
4. Formação do preço de venda.

Cada etapa envolve um conjunto de conceitos e elementos que precisam ser considerados. Desse modo, antes da formação de preços, o primeiro passo é a compreensão do serviço ofertado, ou seja, a caracterização desse serviço.

E qual é a relevância em caracterizar um serviço? No processo de precificação, é indispensável apurar as características do negócio, pois elas orientam decisões no curto e longo prazo.

Uma boa estratégia de precificação envolve o conhecimento aprofundado dos elementos que permeiam a oferta do serviço. Como exemplo, Nagle e Hogan (2007) citam a possibilidade de um novo cliente, ainda não familiarizado com o valor do serviço, considerar o preço alto demais. Nesse caso, certamente a ação adequada não é baixar o preço, mas educar o cliente, clarificando a relação entre o valor e as características do serviço prestado. E como é possível adotar essa postura quando, na prática, não se tem o pleno entendimento sobre o que está sendo ofertado?

Outra cultura que prejudica muitos negócios é a concessão de descontos abusivos para fechar uma venda. Se o serviço é qualificado para um dado preço, seria correto aplicar descontos frequentes? É para evitar esse erro que uma boa caracterização precisa ser desenvolvida antes de se definir o preço do serviço. Tal caracterização requer um mapeamento preciso, a fim de possibilitar a identificação dos principais pontos fracos e fortes do negócio. Essa compreensão pode partir de alguns critérios como os expostos no Quadro 2.1.

Quadro 2.1 – Caracterização do serviço

Etapa 1: Caracterização do serviço	
Critérios	Exemplos
Segmento	Saúde; beleza e bem-estar; educação; alimentação; segurança; lazer; limpeza; entre outros.
Características técnicas	Atributos relacionados à qualidade do serviço.
Público-alvo	Crianças; jovens; idosos; classes A, B ou C; homens ou mulheres; estudantes; membros de um clube; entre outros.
Tempo médio de execução do serviço	Depende: podem ser minutos, horas, dias ou semanas.
Funcionalidade geral	Mais precisamente, o que o prestador de serviço faz, como supervisão, consultoria, assessoria, limpeza, entre outros.
Necessidade atendida	Atende o tipo de demanda por aprendizagem; viagem; estética.

Fonte: Elaborado com base em Cruz et al., 2012.

O Quadro 2.1 pode servir de guia para nortear esse mapeamento, sabendo-se que, quanto mais específicas forem as respostas, melhor será a caracterização. Para ilustrar, consideremos, por exemplo, uma empresa que atua no segmento de segurança, ofertando serviços de vigilância e portaria:

- Em termos técnicos, podemos assinalar que a empresa atua com profissionais uniformizados, treinados, qualificados, equipados, habilitados para o seguimento e que têm, no mínimo, um ano de experiência na área.
- Tem como público-alvo os condomínios residenciais.
- Oferece o serviço com tempo de execução média de 12 ou 24 horas.
- Sua funcionalidade geral é supervisionar entradas e saídas de pedestres e veículos, zelar pelo cumprimento das normas previstas no regimento interno do condomínio, anunciar a chegada de visitantes, receber encomendas, distribuir correspondências, transmitir possíveis reclamações ao síndico, proteger pessoas que estão dentro do ambiente, averiguar alarmes ou situações suspeitas.
- Almeja suprir a demanda por serviço de portaria e vigilância residencial.

Fizemos aqui um breve exercício a fim de compreender a lógica da caracterização. Podemos imaginar como a gestão dessa empresa reagiria perante uma reclamação sobre o preço. Certamente argumentaria colocando em evidência suas especificações técnicas, com ênfase na qualificação dos profissionais. Essa postura, além de eliminar a cultura do desconto, agregaria valor ao serviço prestado.

Um estudo de caso sobre a formação de preços em hotelaria foi realizado por Jung e Dall'Agnol (2016). Nesse artigo, os autores afirmam que a formação de preços na hotelaria de pequeno porte deve considerar as especificidades do setor. Dessa forma, ao iniciar o estudo de caso sobre a formação do preço das diárias em determinado hotel, os autores enfatizam a importância da caracterização, descrevendo-a da seguinte forma:

O hotel em estudo caracteriza-se por ser de pequeno porte e familiar. Encontra-se em fase de construção. O empreendimento terá foco econômico voltado para executivos em viagens de negócios, sugerindo alta taxa de ocupação de segunda a quinta-feira e baixa ocupação aos finais de semana. A perspectiva é que a taxa de ocupação chegue a 80% durante a semana, mas em função da baixa ocupação aos finais de semana, a taxa média de ocupação mensal deve cair para 60%. Essa taxa de ocupação ainda sofre alterações em decorrência das fortes oscilações na procura decorrente de eventos de negócio na cidade.

Possuirá 68 apartamentos de mesmo padrão interno, diferenciando-se apenas por serem duplos e de casal. Os apartamentos possuirão 12 m^2 e serão equipados com frigobar de 80 litros, climatizadores de 7.000 BTUs, cofres e televisores LED de 36 polegadas. Serão oferecidos os serviços de TV a cabo, internet wi-fi, telefone, estacionamento e café da manhã. (Jung; Dall'agnol, 2016, p. 121)

É possível caracterizar qualquer outro segmento: transporte, capacitação, entre tantas outras opções. Os exemplos de vigilância e hotelaria foram aqui descritos para salientar que, quanto mais fidedigna e completa for a caracterização, mais específicas tendem a ser as etapas seguintes, reduzindo as chances de erro. Ressaltamos que, somente após essa percepção, se pode identificar as variáveis que influenciarão o preço final. Elas estarão associadas a determinado serviço, viabilizando a formação de um preço justo que vise ao lucro, evitando prejuízos ou até mesmo o fracasso de uma empresa.

2.4 IDENTIFICAÇÃO E ANÁLISE DAS VARIÁVEIS DE PRECIFICAÇÃO

Conforme expusemos até aqui, não há uma única fórmula para se alcançar o preço ideal do serviço. Não obstante, seguir algumas etapas – a começar pela caracterização – reduz os riscos de se cometerem erros básicos no ato da precificação, como:

- desconsiderar a influência no câmbio;
- negligenciar indicadores macroeconômicos, como inflação e taxa de juros;
- não mensurar os tributos que impactam no valor final; e
- desconsiderar a concorrência e o ambiente externo com relação ao mercado.

Seria possível listar aqui diversos outros erros com potencial de acarretar prejuízos advindos de uma precificação inadequada. No entanto, esses que aqui elencamos já permitem vislumbrar alguns cenários que nenhum gestor almeja enfrentar.

Imaginemos, por exemplo, uma empresa no ramo da tecnologia da informação que presta um serviço altamente qualificado. Presume-se que, nesse contexto, a organização necessite de equipamentos de última geração. Logo, a desvalorização cambial poderá impactar no preço final do serviço prestado, visto que houve aumento nos custos para comprar produtos importados.

Contudo, considerar o efeito do câmbio não significa necessariamente que o aumento dos custos será repassado para o preço final. Isso porque, observando o valor da concorrência, o gestor pode adotar a estratégia de reduzir sua margem de lucro temporariamente, a fim de se manter competitivo no mercado. Em suma, estar atento às variáveis que podem impactar na precificação é condição fundamental para agir de forma estratégica, garantindo determinada margem de lucro.

Variáveis são aqueles valores cujos atributos ou características podem ser medidos em uma escala quantitativa ou qualitativa, pois diversos fatores devem ser avaliados no estabelecimento do preço de um serviço. Além disso, vários setores, cada um com suas prioridades, devem participar das decisões relativas à precificação, considerando os diferentes atores envolvidos no processo de comercialização, conforme demonstra a Figura 2.2.

Figura 2.2 – Atores envolvidos no processo de comercialização

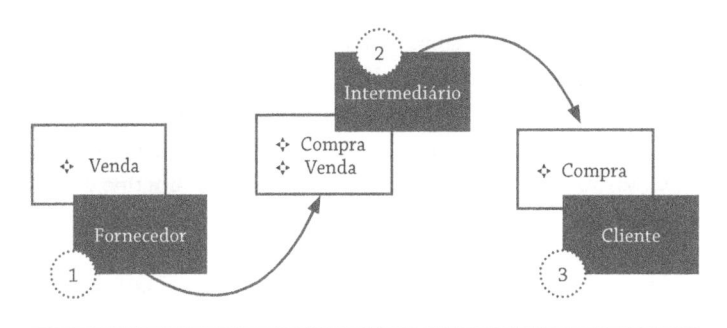

```
                        ┌──────────────┐
                        │      2       │
                        │ Intermediário│
                        └──────────────┘
┌──────────┐          ❖ Compra
│  ❖ Venda │          ❖ Venda              ❖ Compra
└──────────┘                              ┌──────────┐
┌──────────┐                              │  Cliente │
│Fornecedor│                              └──────────┘
│    1     │                                   3
└──────────┘
```

Fonte: Cruz et al., 2012, p. 24.

E como considerar elementos que contemplem fornecedor, clientes e agentes intermediários em um ato de compra e venda? Uma forma de superar esse desafio é identificar e avaliar as diferentes variáveis que podem influenciar o preço final ou a margem de lucro. A identificação dessas variáveis (Quadro 2.2) pode determinar o sucesso (ou insucesso) da formação de preços.

Quadro 2.2 – Variáveis da precificação

Variáveis econômicas (VE)	Relacionadas às perspectivas econômicas e financeiras dos serviços, como oferta e demanda, câmbio, políticas de crédito, nível de atividade da economia, nível de emprego e renda, taxas de juros etc.
Variáveis de custo (VC)	Relacionadas à análise e gestão dos gastos referentes aos esforços operacionais e à oferta do serviço em contexto específico.
Variáveis mercadológicas (VM)	Relacionadas à perspectiva mercadológica do serviço ofertado, envolvendo concorrência, clientes e fornecedores, ou seja, o ambiente externo da empresa.
Variáveis societárias e tributárias (VST)	Relacionadas ao posicionamento societário e tributário das empresas envolvidas no processo de fornecimento, intermediação e compra.

Fonte: Elaborado com base em Cruz et al., 2012.

Talvez você esteja pensando que em serviços de menor complexidade não caberia incluir todas essas variáveis. Entretanto, mesmo nesses casos, quanto maior for o esforço para observar os elementos econômicos, mercadológicos, societários, tributários e de custos, maior será a certeza de a precificação estar correta.

Outro desafio é considerar as variáveis citadas em um *mix* de serviços, ou seja, quando a empresa oferta mais de um tipo de serviço. Nesse caso, deve-se considerar que algumas variáveis podem influenciar mais um serviço do que outro.

A fim de vislumbramos sua aplicação prática, sugerimos a adoção de uma matriz a ser estruturada de modo que as variáveis fiquem dispostas nas colunas, e o *mix* de serviços nas linhas, conforme demonstrado no Quadro 2.3.

Quadro 2.3 – Aplicação das variáveis no *mix* de serviços

Variável do serviço	Serviço A	Serviço B	Serviço C
VC – Custo variável	X	X	
VM – Concorrência	X		X
VM – Capacidade de pagamento	X	X	X
VE – Oferta *versus* demanda	X	X	X
VST – Regime tributário	X	X	

Fonte: Elaborado com base em Cruz et al., 2012.

Observe o Quadro 2.3 e considere, por exemplo, uma empresa que organiza eventos, cujo *mix* de serviço envolve realização do cerimonial, recepção dos convidados, registro do evento por meio de filmagem e fotografia, contratação de fornecedores etc. É possível afirmar que as variáveis mercadológicas impactam igualmente em todo o *mix* de serviço? Não necessariamente, pois a empresa pode se destacar no mercado no âmbito da realização dos cerimoniais, embora o serviço de fotografia e filmagem não seja tão qualificado quanto os ofertados pela concorrência. Nesse caso, a precificação estratégica precisa estar atenta a essa lacuna, agregando valor àquele serviço mais qualificado e oferecendo os demais como serviços complementares que compõem um combo a um preço simbólico.

Tendo compreensão das principais variáveis que envolvem o processo de formação de preços, explicaremos, a seguir, como funciona o processo de análise de tais variáveis. Essa é a terceira etapa do processo de precificação, quando são relacionadas as variáveis com o estabelecimento dos preços a serem praticados. Para facilitar a análise, resgataremos a matriz das variáveis exposta, a fim de detectarmos possíveis relações entre as variáveis e as condicionalidades da oferta de determinado serviço.

Quadro 2.4 – Análise das variáveis na precificação

Variável do serviço	Serviço A	Serviço B	Serviço C
Variável econômica	variação cambial	oferta e demanda	-
Variável mercadológica	concorrência/ fornecedores	-	capacidade de pagamento
Variável de custos	custos fixos e variáveis	custos variáveis	custos fixos
VST – Regime tributário	taxas e tributos	taxas e tributos	-

Tomemos como exemplo um *spa* que atue na oferta de serviços relacionados a estética, beleza e bem-estar. Esses serviços se dividem em massoterapia, estética facial, estética corporal, cuidados com cabelo, maquiagem, *design* de sobrancelha e *design* de unhas. O mesmo *spa* oferece capacitação certificada com ênfase nos seguintes cursos: automaquiagem, maquiagem profissional e *design* de sobrancelhas. Convém, então, fazer as seguintes perguntas:

- ❖ A variação cambial pode afetar o custo de algum desses serviços? São utilizados produtos importados para realização de alguma aplicação?
- ❖ Quais são os custos variáveis?
- ❖ Há outras empresas que oferecem algo semelhante no mesmo padrão?
- ❖ Há um potencial mercado consumidor interessado na oferta desses serviços?

❖ O mercado consumidor tem poder aquisitivo para aderir aos serviços? Ou é interessante oferecer pacotes e formas de parcelamento?

❖ Quanto de imposto é destinado para comprar os produtos necessários, bem como para emitir nota fiscal dos serviços?

Cruz et al. (2012) sugerem que, de início, analisemos isoladamente cada serviço ofertado por uma empresa para, na sequência, analisar todo o *mix* que ela oferece. Esse exercício é necessário, pois pode acontecer de certa oferta ser desvantajosa individualmente, porém, quando sua comercialização acontece de forma conjunta, pode oferecer vantagem econômica e mercadológica ao negócio.

Nesse caso, aplicando a teoria ao exemplo do *spa*, podemos responder às perguntas listadas para cada serviço. Na sequência, otimizamos a matriz, incluindo todos os serviços na análise. Certamente, algumas variáveis associadas à realização dos serviços de estética, beleza e bem-estar divergirão das variáveis relacionadas aos cursos, pois a capacitação exigirá recursos diferentes.

Nascimento, Gallon e Beuren (2009) observam que a estratégia de preços é vital para a competitividade das organizações e sua continuidade no mercado. Embora o mercado seja determinante na formação de preços, os valores cobrados pelos serviços prestados são dependentes de diversas variáveis. Tendo isso em mente, as autoras realizaram um estudo de caso para descrever o processo de formação de preços em uma empresa de transporte rodoviário de cargas. Com vistas a elencar as principais variáveis envolvidas no referido segmento, as autoras apresentaram os resultados reunidos no Quadro 2.5.

Quadro 2.5 – Elementos de precificação do transporte

Elementos	Descrição
Distância	A distância pode influenciar de forma variável ou invariável, de maneira decrescente, por meio de taxas proporcionais ou por taxa única.
Volume, tipo de produto e especificidade da carga do veículo	O tamanho do embarque influencia na composição da taxa cobrada. O volume transportado é diretamente proporcional ao rendimento do transportador.

(continua)

(Quadro 2.5 – conclusão)

Elementos	Descrição
Prazo de entrega	Os espaços disponíveis no carregamento vão sendo preenchidos pela carga a ser transportada, de acordo com uma composição definida para o percurso da origem ao destino. Dessa forma, o atraso na data de entrega influencia diretamente no cômputo do custo do serviço prestado.
Demanda e sazonalidade da demanda	A demanda pode determinar uma taxa de cobrança que não tem relação com os custos do serviço.
Roteiro	A taxa dependerá da quantidade de paradas, de embarques e da localização do último ponto do roteiro.
Interligação	Quando o transportador não atende a todas as regiões, é necessário recorrer ao serviço de outro transportador.
Taxas (importação, exportação e frete-valor)	São estabelecidas as taxas especiais nos embarques internos que se originam ou se destinam a pontos no exterior.

Fonte: Nascimento; Gallon; Beuren, 2009.

Para além dos diferentes casos descritos neste capítulo, o estudo citado corrobora a importância de um olhar estratégico para todas as variáveis essenciais que abrangem o processo de precificação. Esse estudo também salienta que a busca pelo preço ideal é algo desafiador nos diferentes ramos e setores da economia – o que torna a identificação e a análise das variáveis ainda mais relevantes para reduzir possíveis erros.

Compreendendo essa relevância, ao longo dos próximos capítulos analisaremos as variáveis com a devida profundidade. Para incorporá-las ao processo de precificação, é necessário entender o peso que cada uma exerce.

Como avaliar uma relação entre oferta e demanda agregando inflação, câmbio e taxa de juros? Como incluir, nessa etapa, os tributos e custos? As variáveis mercadológicas são passíveis de mensuração? Nos próximos capítulos, forneceremos as respostas para cada uma dessas perguntas, possibilitando uma compreensão ampla sobre os elementos essenciais que precisam estar inclusos na precificação estratégica.

Síntese

Declaramos que a correta política de formação de preços deve proporcionar o maior lucro possível, otimizando a participação da empresa no mercado a curto e longo prazos.

A precificação estratégica deve ser empregada como ferramenta, pois envolve a coordenação de decisões inter-relacionadas de marketing, competitividade e finanças para a fixação lucrativa de preços. Essa ferramenta estratégica de precificação pode ser orientada pelas seguintes etapas: caracterização do serviço, identificação das variáveis de análise, análise das variáveis do serviço e formação do preço de venda.

A caracterização do serviço fornece o mapeamento preciso, especialmente sobre o ramo, segmento, características técnicas, público-alvo, tempo de execução, funcionalidade, entre outros elementos que influenciam a formação do preço.

Tal como a caracterização, é essencial realizar a correta identificação e análise de todas as variáveis associadas ao negócio e ao serviço ofertado, como as econômicas, mercadológicas, variáveis societárias, tributárias e de custos.

O processo de precificação só pode ser concluído após a ampla compreensão dos ambientes interno e externo do negócio, considerando-se todas as suas características e variáveis.

marvent/Shutterstock

3
Variáveis econômicas

Você já se perguntou como a taxa de juros pode afetar o consumo, o acesso ao crédito e, consequentemente, o investimento? Ou, ainda: Você já observou como as variáveis macroeconômicas refletem direta ou indiretamente na relação entre oferta e demanda?

Para clarificarmos a relação entre as variáveis econômicas e a precificação estratégica, precisamos assumir que as esferas macro e micro da economia estão intrinsecamente relacionadas, o que remete à importância de estarmos sempre atentos às variações constantes no cenário econômico. No que diz respeito à diferença entre essas duas áreas, Braga (2019, p. 15) destaca:

> A microeconomia estuda o funcionamento dos mercados a partir dos comportamentos individuais. Como indivíduos, consideram-se os consumidores e os produtores ou ofertantes de bens e serviços. [...] Já a macroeconomia trabalha com os comportamentos sociais. Sua preocupação está em entender os fatores que exercem influência sobre o nível de atividade macroeconômica, onde o Produto Interno Bruto (PIB) e o desemprego da mão de obra ocupam lugar de destaque. Também analisa as causas da inflação, que representa uma média dos preços dos inúmeros bens e serviços produzidos na Economia. Na macroeconomia, a política econômica ganha posição de destaque.

Logo, a perspectiva macroeconômica abrange, mais precisamente, variáveis, como desemprego, inflação, consumo, poupança, inadimplência, câmbio e taxa de juros; refere-se, portanto, a indicadores agregados os quais viabilizam uma leitura da realidade econômica de um município, estado ou país. Reiteramos, todas essas variáveis exercem influência considerável sobre o mercado, ou, expresso de outro modo, sobre a esfera microeconômica, revelando as estruturas de empresas que compõem o mercado e demonstrando como isso afeta as estratégias competitivas.

Diante dessa inter-relação, convém destacar que a separação entre as esferas micro e macro é feita meramente para facilitar a compreensão e o estudo da economia. Afinal, na prática, ambas se complementam de tal modo que alterações no nível geral da economia acabam por influenciar seus aspectos individuais.

Consideremos que, em uma relação simples entre comprador e vendedor, ambos devam sair satisfeitos. De sua parte, a empresa que presta o serviço almeja se perpetuar no mercado por meio de sua oferta. E, por sua vez, o cliente interessado em adquirir esse serviço tende a relacionar a satisfação de sua necessidade ao preço a ser pago por isso. Logo, essa relação não acontece de forma isolada: está intrinsecamente associada a um cenário econômico.

É nesse contexto que as esferas macro e microeconômica se inter-relacionam. Já informamos que não é o proprietário do negócio que define o preço de um serviço segundo suas estimativas. Na prática, é o mercado que determina como deve ser conduzida a política de preços, pois é o cruzamento de um conjunto de variáveis que forma o preço final.

Em suma, uma boa política de formação de preços deve estar atenta às oscilações do mercado e às reações da demanda ao que está ocorrendo no cenário econômico. São esses elementos que norteiam as estratégias competitivas, conforme abordaremos aqui.

3.1 Consumo, poupança e desemprego

Para desvelar as características de determinado cenário econômico, é fundamental conhecer as variáveis econômicas que o envolvem, como desemprego, inflação, consumo, poupança, inadimplência, câmbio, taxa de juros etc. É o cruzamento dessas variáveis que explicará o fato de uma atividade econômica deixar de crescer, ou, então, o que pode causar, em certos cenários, o aumento contínuo dos preços. Abordaremos brevemente algumas delas, a fim de compreender como cada uma pode afetar o mercado, as vendas e, por consequência, a política de preços.

A primeira relação que podemos estabelecer é entre consumo e poupança. Uma importante razão para considerarmos o primeiro, é que a decisão do indivíduo (ou da família) sobre o quanto consumir está intimamente ligada a sua decisão sobre o quanto poupar (Abel; Bernake; Croushore, 2008). Essa escolha estará diretamente associada à disposição de um consumidor em aderir ou não a determinado serviço. Considerando, por exemplo, uma população com forte tendência à poupança, corre-se o risco de deflação, ou seja, de redução no nível geral de preços devido à baixa demanda.

Um caso prático para compreendermos essa relação entre consumo e poupança é o Japão. Desde os anos 1980, por quase três décadas, o país não conseguia sustentar períodos de crescimento robusto. Associados a essa desaceleração, alguns de seus principais indicadores econômicos se comportaram, nesse período, de maneira atípica e negativa. Quatro fatores em conjunto geraram esse cenário: a evolução lenta do Produto Interno Bruto (PIB), juros baixos, deflação e população envelhecida (Roubicek, 2019). Em linhas gerais, o caso ilustra uma população com baixa propensão ao consumo e maior tendência à poupança, o que acarretou a queda generalizada no nível de preços.

No contexto das variáveis econômicas, outro importante elemento é o desemprego. Na Pesquisa Nacional por Amostra de Domicílios (Pnad), feita pelo Instituto Brasileiro de Geografia e Estatística (IBGE), considera-se como população em idade ativa

(PIA) as pessoas entre 15 e 65 anos. A PIA é formada pela população não economicamente ativa e pela população economicamente ativa (PEA).

A população não economicamente ativa é formada por aqueles que não podem ser classificados como empregados nem como desempregados. Nesse grupo estão incluídos os incapacitados para trabalhar, os aposentados e pensionistas, os estudantes, os detentos, os trabalhadores dedicados aos afazeres domésticos e os inativos, isto é, aqueles que não estão trabalhando nem buscam emprego.

Já a PEA corresponde ao grupo daqueles em idade integrada ou não ao mercado de trabalho. A PEA engloba, portanto, todas as pessoas que se encontram empregadas (ocupadas) e as que estão procurando emprego. Sendo assim, desempregado (desocupado) é todo indivíduo em idade ativa que procura emprego, mas não encontra. De acordo com o IBGE (2020), para a Pnad Contínua, desempregado é aquele que tem mais de 14 anos, não está trabalhando, mas está disponível e à procura de emprego.

Quanto ao cenário nacional, o Gráfico 3.1 apresenta os dados publicados pelo IBGE sobre desemprego no terceiro trimestre de 2021.

Gráfico 3.1 – População brasileira de acordo com as divisões do mercado de trabalho no 3º trimestre de 2021

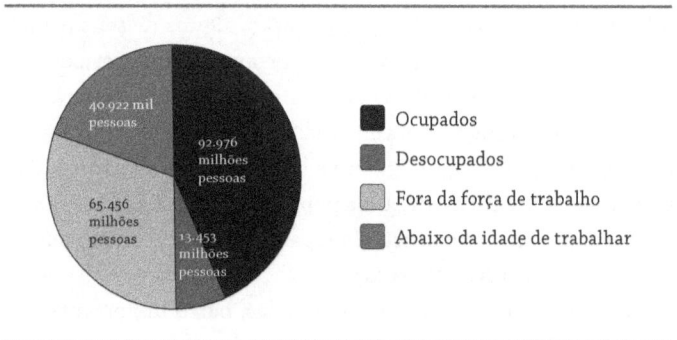

- Ocupados: 92.976 milhões pessoas
- Desocupados: 13.453 milhões pessoas
- Fora da força de trabalho: 65.456 milhões pessoas
- Abaixo da idade de trabalhar: 40.922 mil pessoas

Fonte: IBGE, 2021.

Ao observarmos o Gráfico 3.1, é possível constatar que, no terceiro trimestre de 2021, o Brasil tinha 13,5 milhões de desempregados, o correspondente a uma taxa de desocupação de 12,6%, o que representou aumento no desemprego em relação ao ano de 2020, cuja taxa, no primeiro trimestre, foi de 11,9%.

Na prática, o que esses dados revelam? Em uma recessão, por exemplo, cresce o número de pessoas que estão disponíveis para trabalhar e buscam ativamente oportunidades de emprego, sem obter sucesso. Esse quadro tende a comprometer a renda da população, levando a uma queda na demanda por produtos e serviços. Quando isso ocorre, o governo deve entrar em ação, promovendo políticas que estimulem a demanda e reduzam o desemprego.

No âmbito da política de preços, o gestor precisa adotar estratégias pontuais em casos de recessão, precisando dispor de um capital de giro para suprir a queda na demanda, ou até mesmo situações de inadimplência. Esse elemento merece atenção, pois, segundo o Indicador Serasa Experian, o Brasil tem milhões de consumidores inadimplentes, ou seja, pessoas com uma ou mais dívidas em aberto. Em grande parte, o desemprego e as crises econômicas são as situações que mais afetam o orçamento das famílias (Carla, 2020). Essa informação é relevante, pois quando há forte inadimplência, a empresa precisa ter cautela na política de crédito adotada para reduzir as chances de sofrer com os custos referentes ao não pagamento de uma dívida.

Tudo isso evidencia que as variáveis macroeconômicas influenciam a esfera empresarial. A propensão da população a poupar ou consumir, e os efeitos de uma recessão marcada por desemprego e inadimplência repercutem consideravelmente nos diferentes setores da economia. Extrapolando os limites dessas variáveis, abordaremos, a seguir, a inflação e a taxa juros, a fim de esclarecer o efeito que ambas exercem na política de preços.

3.2 Inflação, taxa de juros e câmbio

A inflação e a taxa de juros também são variáveis que impactam significativamente o cenário macroeconômico. Você certamente já ouviu falar sobre inflação. E, na prática: Você sabe o que ela representa?

A inflação se caracteriza quando há aumento generalizado no nível dos preços de produtos e serviços. Já quando há baixa generalizada e contínua no nível dos preços, há um cenário de deflação. Em linhas gerais, tanto a inflação quanto a deflação geram consequências ruins para a economia, como incerteza, desestímulo ao investimento e distorção dos preços relativos. No caso da inflação, ela afeta particularmente as camadas menos favorecidas da população, por sofrerem uma redução em seu poder de compra (Gremaud; Vasconcellos; Toneto Jr., 2011).

Em um cenário de inflação, quando o aumento dos preços não é acompanhado pelo aumento da renda, há perda no poder aquisitivo da população. Por exemplo: imaginemos uma pessoa com remuneração média mensal de R$ 1.500,00 que consegue comprar os alimentos necessários para passar o mês a um custo de R$ 700,00. Na hipótese de haver aumento no custo da cesta básica para R$ 800,00, automaticamente esse consumidor sofrerá perda em seu poder aquisitivo, pois terá de consumir menos produtos, ou lhe sobrará um valor menor para suprir suas demais necessidades.

São dois os principais tipos de inflação (Gremaud; Vasconcellos; Toneto Jr., 2011):

1. Inflação de demanda – Emerge quando o aumento da demanda não é acompanhado pelo aumento da oferta.
2. Inflação de custos – Também denominada *inflação de oferta*, decorre da elevação nos custos da economia com impacto no aumento do custo dos insumos.

Entretanto, além destes, ocorre outro tipo de inflação com profundo impacto na economia quando há aumento no valor dos insumos devido à desvalorização cambial, ou seja, quando a moeda nacional se desvaloriza em relação ao dólar; nesse caso, em geral, há aumento no custo das importações. Se esse aumento é repassado para o preço final, há inflação decorrente da desvalorização cambial.

Por fim, existe também a inflação inercial, relacionado ao mecanismo de indexação, isto é, quando a inflação permanece mesmo sem aceleração inflacionária (Gremaud; Vasconcellos; Toneto Jr., 2011).

Outra importante distinção a ser feita é a existente entre inflação e aceleração inflacionária:

> Quando ocorre um aumento dos preços temos a inflação. Quando se diz que a inflação foi de 10% em determinado mês (ou ano) está se dizendo que naquele período os preços em média aumentaram 10%. Se essa taxa se mantém constante nos meses (ou anos) seguintes, isso significa que os preços continuam a subir em média 10% por mês (ou ano). A inflação está estabilizada em 10%, mas não os preços. Se a inflação passa para 15% no mês seguinte, 20% no subsequente, existe uma aceleração inflacionária, em que os preços estão em média subindo – a inflação é cada vez mais alta. (Gremaud; Vasconcellos; Toneto Jr., 2011, p. 96)

De acordo com Gremaud, Vasconcellos e Toneto Jr. (2011), é possível classificar a inflação como moderada quando os aumentos de preços são pequenos, ou como hiperinflação, quando os aumentos de preços são consideráveis.

E como se mede a inflação? Ela é calculada pelos índices de preços, comumente chamados de *índices de inflação*. No Brasil, o IBGE produz dois dos mais importantes índices de preços: o Índice de Preços ao Consumidor (IPCA), considerado o oficial pelo Governo federal, e o Índice Nacional de Preços do Consumidor (INPC). O propósito do IPCA e do INPC é o mesmo: medir a variação de preços de uma cesta de produtos e serviços consumidos pela população. O resultado mostra se os preços aumentaram ou diminuíram de um mês para o outro.

Ao logo dos anos 1980 e 1990, o Brasil passou por um sério período de inflação e crise econômica. A alta contínua e generalizada no nível de preços só foi contida por meio do Plano Real (1994) após muitas tentativas frustradas, pois vários planos econômicos foram implementados sem êxito. O Gráfico 3.2 demonstra o comportamento do INPC após a retomada da estabilidade no nível de preços, no recorte temporal das duas primeiras décadas do século XXI.

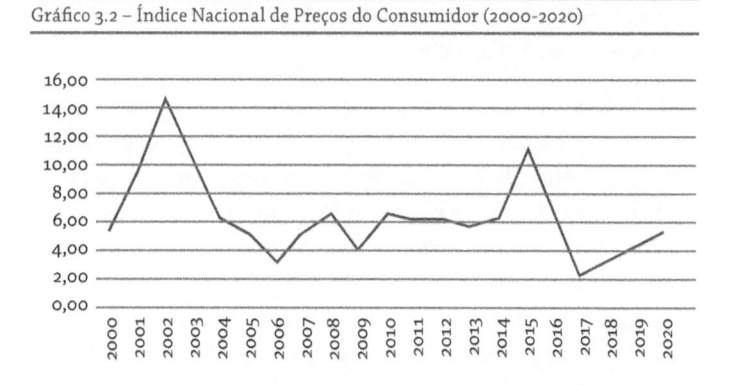

Gráfico 3.2 – Índice Nacional de Preços do Consumidor (2000-2020)

Fonte: Elaborado com base em Ipeadata, 2021.

O gráfico mostra que, apesar de o Brasil ter alcançado o controle da inflação, após os anos 1990 ainda houve períodos em que o nível geral de preços oscilou consideravelmente na economia, a exemplo da alta acentuada observada em 2015.

Outros índices de preços de grande relevância no Brasil são:

- ❖ Índice Geral de Preços (IGP) – Produzido pela Fundação Getúlio Vargas (FGV), é utilizado, em geral, para realização de contratos.
- ❖ Índice de Preço ao Consumidor – Produzido pela Fundação Instituto de Pesquisas Econômicas (Fipe), é utilizado, em geral, para impostos.
- ❖ Índice de Custo de Vida (ICV) – Produzido pelo Departamento Intersindical de Estatística e Estudos

Socioeconômicos (Dieese), é consultado como referência para acordos salariais.

Convém, agora, esclarecer como a inflação pode afetar o preço de um serviço. Em geral, assim como o consumidor sofre uma perda no poder de compra, a empresa passa por dificuldade semelhante com seus fornecedores. Uma dúvida clássica é: Dado o aumento no custo dos insumos, esse valor deve ser repassado ao preço final do serviço?

Não há uma resposta única para essa pergunta, pois cada caso deve ser avaliado individualmente. É preciso levar em consideração o preço praticado pela concorrência e como os consumidores estão sendo afetados pela inflação; afinal, se há aumento generalizado no nível de preços, o consumidor terá uma perda em seu poder aquisitivo, ficando menos disposto a gastar. Nesse cenário, a precificação estratégica mensura até que ponto é vantajoso para a empresa repassar o aumento do custo ao consumidor diante do risco de ter sua demanda reduzida.

Outro caso recorrente é quando o aumento no custo de determinado insumo ocorre em contexto pontual, no qual não há inflação. Nessa conjuntura, é estratégico repassar o aumento para o preço final, a fim de não reduzir a margem de lucro, considerando que a demanda é pouco afetada com esse aumento pontual. Para melhor compreensão dessa dinâmica, adiante trataremos do conceito de elasticidade, que auxilia na percepção de como a demanda tende a reagir a determinada alteração no preço.

Agora, avancemos, dentro da esfera macro, para o conceito de taxa de juros, outra variável que exerce influência expressiva sobre o mercado. São bastante frequentes as notícias sobre taxa de juros; essa variável é tão reportada porque os juros impactam significativamente na economia. Ao realizar um empréstimo, investimento, ou até mesmo diante da necessidade de pagar um boleto em atraso, os juros devem ser considerados.

Grosso modo, os juros correspondem ao valor pago para usar um dinheiro de outrem. Por exemplo, ao se fazer um empréstimo, no ato do pagamento deve-se devolver o mesmo valor acrescido de uma quantia extra como contrapartida pelo uso do dinheiro. De modo semelhante, quando se aplica dinheiro no banco, o poupador recebe juros pelo uso que o banco faz de seu dinheiro.

No Brasil, a taxa básica de juros para o financiamento dos títulos públicos e outras transações econômicas é determinada pelo Sistema Especial de Liquidação e de Custódia (Selic). A taxa Selic é o principal instrumento de política monetária utilizado pelo Banco Central (Bacen) para controlar a inflação. Ela influencia todas as taxas de juros do país, como as de empréstimos, financiamentos e aplicações financeiras. O órgão responsável por sua determinação é o Comitê de Política Monetária (Copom), criado em 1996. As reuniões ordinárias são realizadas periodicamente de acordo com calendário pré-estabelecido.

Outras taxas do mercado financeiro são: Taxa Referencial (TR); Taxa Básica Financeira (TBF); Taxa Básica do Banco Central (TBC); Taxa de Assistência do Banco Central (TBAN); Taxa de Juros de Longo Prazo (TJLP); Taxa da Associação Nacional dos Bancos de Investimentos (Anbid).

O Gráfico 3.3 demonstra a evolução da taxa Selic entre os anos 2000 e 2021.

Gráfico 3.3 – Evolução da taxa Selic acumulada no mês

Fonte: Elaborado com base em Ipeadata, 2021.

O Gráfico 3.3 demonstra que, entre 2000 e 2021, a Selic passou por várias oscilações, com queda acentuada em 2020. Nesse ano, a economia sofreu sérias consequências devido à pandemia de Covid-19. A fim de estimular o consumo e o investimento, o governo adotou uma política monetária de queda da taxa de juros. A partir de 2021, já é possível observar a retomada do aumento da taxa básica de juros. A esse respeito, Santos (2021, p. 1) observa que:

> As taxas de juros cresceram e tendem a se elevar nos próximos meses, o que, aliado ao aumento da inflação, compromete a tomada de decisões por parte de tomadores de crédito, não ajudando também na oferta de crédito pelos bancos. Além disso, indicadores de crédito apontam para redução de prazo nas concessões de crédito. [...] Do lado das concessões de crédito, há crescimento no segundo trimestre tanto em pessoa física (PF) quanto em pessoa jurídica (PJ). No entanto, há alguns sinais de alerta quanto ao tipo de modalidade de concessão, uma vez que há crescimento expressivo em algumas modalidades mais caras, com juros mais altos.

E por que a taxa de juros está relacionada com a precificação estratégica? Porque ela reflete o custo de oportunidade do capital passivo da empresa, ou o preço a ser pago pelos recursos tomados emprestados. Sendo assim, quanto mais alta é a taxa de juros, menos os agentes econômicos tendem a realizar novos investimentos. E quanto menor é a taxa de juros, maior é a tendência à realização de novo investimento, como abrir uma filial ou ampliar a infraestrutura física (Assaf Neto, 2014).

Keynes (1985) argumenta que a taxa de juros se traduz em um guia de preferência pela liquidez, visto que afeta as expectativas dos agentes econômicos. Isso porque, se a taxa de juros estiver alta, os indivíduos ou empresas preferirão reter o dinheiro, ou seja, aplicá-lo de forma segura a uma taxa de juros que remunere o capital. Todavia, se a taxa de juros for baixa, não interessa aos agentes econômicos reterem esse capital, porque a baixa liquidez não compensa o risco de oportunidade. Nesse caso, vale mais a pena ampliar o patrimônio, expandir determinada infraestrutura ou, até mesmo, realizar um consumo.

Estrategicamente, quando a taxa de juros está em queda, a empresa pode aderir a um financiamento ou a um empréstimo para aquisição de uma quantidade maior de insumos a um preço melhor, pois o acesso ao crédito amplia o poder de barganha e, com isso, há maior flexibilidade ao planejar a política de preços.

Outro elemento que pode afetar o processo de precificação é a taxa de câmbio. De acordo com Abel, Bernanke e Croushore (2008, p. 336), a taxa de câmbio nominal determina "quantas unidades de uma moeda estrangeira pode ser trocada por uma unidade de minha moeda nacional". Isso significa que o câmbio é a troca que ocorre entre a moeda de um país pela moeda de outro. Por exemplo, se se pretende comprar US$ 50,00 e a taxa de câmbio no dia está US$ 1,00 para R$ 3,00, será preciso desembolsar R$ 150,00.

E quem determina a taxa de câmbio? Essa decisão está relacionada à política cambial adotada em determinado país, podendo ser (Kerr, 2011):

- Câmbio fixo – Quando o banco central estabelece uma taxa fixa de conversão entre a moeda local e a moeda de referência estrangeira (dólar).
- Câmbio flutuante – Quando as taxas de conversão são livremente determinadas pelo mercado, ou seja, pela oferta e demanda de moeda estrangeira.
- Banda cambial – Quando o banco central estipula limite mínimo e máximo, ou seja, uma banda de flutuação para a taxa de câmbio.

No caso do câmbio flutuante, como a taxa de câmbio é determinada pela entrada e saída de divisas de uma economia, é importante observar que, se há muita entrada de uma moeda estrangeira no país, seu preço em relação à moeda nacional cai, promovendo, assim, a valorização cambial. E o contrário também se aplica: quando há muita saída de determinada moeda estrangeira de um país, seu preço em relação à moeda nacional sobe, o que acarreta o processo de desvalorização cambial.

Em linhas gerais, os regimes de câmbio dependem da política econômica de cada país, pois, nesse mercado, há diversos determinantes com capacidade de influência. Quando se trata de uma política flutuante, diante da necessidade de aumentar o volume de reservas, com vistas a valorizar a moeda nacional, a autoridade monetária normalmente intervém no mercado de moedas estrangeiras, alterando a taxa de câmbio.

Desse modo, no contexto do mercado, a valorização cambial tende a estimular as importações, haja vista que os produtos estrangeiros se tornam mais baratos. Por consequência, a desvalorização cambial estimula as exportações, uma vez que a moeda estrangeira valerá mais que a moeda nacional.

Nesse contexto, os setores que ofertam bens e serviços dependentes de insumos externos sofrem influência direta do câmbio, podendo afetar a margem de lucro do negócio. No processo de precificação, é preciso, portanto, estar atento à variação cambial, a fim de evitar prejuízos inesperados. E, no contexto de uma valorização cambial, a empresa que depende de insumos importados pode otimizar o momento para aumentar o investimento, ampliando a margem de lucro.

Vale lembrar que o câmbio impacta também a renda da população, pois a valorização cambial leva ao aumento dos salários em comparação com seu valor em dólar. Isso ocorre, sobretudo, porque muitos insumos importados ficam mais baratos, o que reduz a inflação e, por conseguinte, eleva o poder de compra do consumidor (Cruz et al., 2012).

No *site* do Bacen, é possível acompanhar a cotação nominal das principais moedas internacionais por meio de um conversor capaz de calcular rapidamente quanto vale o real em outras moedas, como ilustra a Tabela 3.1.

Tabela 3.1 – Cotação

Dólar EUA	Compra (R$)	Venda (R$)
17/01 (PTAX)	5,5052	5,5058
17/01 – 13:00	5,5040	5,5046
Euro	Compra (R$)	Venda (R$)
17/01 (PTAX)	6,2770	6,2799
17/01 – 13:00	6,2757	6,2785

Fonte: Bacen, 2022.

A cotação de janeiro de 2022, demonstra um cenário de intensa desvalorização cambial, visto que era preciso R$ 5,50 para comprar US$ 1,00. Esse período, marcado pelas consequências da Covid-19, foi acompanhado de crise econômica, inflação e desemprego. Logo, um serviço cuja oferta dependia de insumos importados teve de rever sua política de preços, pois a desvalorização do Real ocasionou o aumento dos custos e a consequente redução da margem de lucro.

Observar essas variáveis – inflação, taxa de juros e câmbio – é condição fundamental para se determinar um preço justo e uma margem de lucro coerente. Vale ressaltar que essa análise conjunta guia a tomada de decisão. Logo, não seria correto observar somente uma variável isolada, pois elas estão inter-relacionadas, o que exige interpretá-las à luz da realidade de um cenário econômico.

A fim de expor alguns caminhos essenciais para acessar informações macroeconômicas, apresentaremos, a seguir, uma síntese das principais fontes e pesquisas amostrais institucionais.

3.3 Principais fontes e pesquisas macroeconômicas

O IBGE é o órgão oficial de estatística do Brasil e procede à produção de pesquisas econômicas, sociais e demográficas, além de coordenar o processamento de informação produzida por outros órgãos, como o Bacen, as agências de comércio exterior, os órgãos ligados ao mercado de trabalho etc. (Silva, 2005).

Tratando disso, Silva (2005) informa que fazem parte do Sistema Estatístico Nacional (SEN) os órgãos e entidades pertencentes à administração pública direta e indireta de todas as esferas de governo, e entidades privadas que recebem subvenção ou auxílio para a produção de informações estatísticas.

No SEN, o IBGE desempenha duplo papel: de coordenador, integrando os subsistemas e padronizando os procedimentos, conceitos e classificações; e de principal provedor de estatísticas públicas e indicadores para os mais diferentes segmentos da sociedade. A seguir, arrolamos as principais pesquisas realizadas pelo IBGE:

- ❖ Censo demográfico – É a principal fonte para o conhecimento das condições de vida da população em todo o território nacional.

- ❖ Pesquisa Nacional por Amostra de Domicílio (Pnad) – Foi criada em 1967 com o objetivo de atualizar anualmente as informações levantadas pelo censo demográfico na União e nos estados, bem como nas principais regiões metropolitanas. Cobre cerca de 140 mil domicílios e investiga temas como fecundidade, anticoncepção, migração, mobilidade social, educação, saúde, associativismo, participação política, bens de consumo, consumo de energia, trabalho, trabalho infantil, previdência, segurança alimentar, merenda escolar e acesso a programas de transferência de renda.

- ❖ Pesquisa Mensal de Empregos (PME) – Foi criada em 1980 para possibilitar o acompanhamento da conjuntura macroeconômica nas principais regiões metropolitanas – São Paulo, Rio de Janeiro, Belo Horizonte, Porto Alegre, Salvador e Recife. Permite avaliar as flutuações e tendências, a médio e longo prazo, do mercado de trabalho; abrange informações referentes à condição de atividade e de ocupação, rendimento médio nominal e real, posse de carteira de trabalho assinada, entre outros, tendo como unidade de coleta os domicílios.

- Pesquisa de Orçamento Familiar (POF) – Foi realizada de cinco em cinco anos nas duas últimas décadas, com o objetivo de permitir a atualização da base de ponderação dos índices de preços. É direcionada, principalmente, para mensurar as estruturas de consumo das famílias, possibilitando traçar um perfil das condições de vida da população.
- Pesquisa de Informações Básicas Municipais (Munic) – É associada ao grau de participação e controle popular da ação pública, fornecendo informações relacionadas à estrutura administrativa, ao planejamento municipal etc.

Além do *site* do IBGE, no qual é possível acessar os dados derivados e a síntese das pesquisas supracitadas, sugerimos, como fonte de informações macroeconômicas, as cartas de conjuntura produzidas pelo Instituto de Pesquisa Econômica Aplicada (Ipea), e o banco de dados do instituto – o Ipeadata, que é uma:

> Base de dados econômicos e financeiros mantida pelo Ipea incluindo séries estatísticas da economia brasileira e dos aspectos que lhe são mais pertinentes na economia internacional. Os dados são atualizados e documentados de forma sistemática e apresentados na mesma unidade monetária. Recursos disponíveis permitem a manipulação matemática e a extração dos resultados em planilhas ou gráficos. (Ipeadata, 2021)

Informações associadas a inflação, taxa de juros, PIB, desemprego, câmbio, entre outros, podem ser encontradas facilmente nessa base. Sugerimos, ainda, o *site* do Bacen, sobretudo para ter acesso a informações sobre câmbio, moeda, taxa de juros e política de crédito.

Ainda, de grande relevância são as pesquisas e cartas de conjuntura produzidas pelo Dieese e pela FGV, ambas instituições renomadas na produção de indicadores e estatísticas macroeconômicas.

Depois de termos relacionado as principais fontes e pesquisas macroeconômicas, a seguir, trataremos das variáveis pertencentes à esfera microeconômica.

3.4 Relação entre oferta e demanda

Em uma economia capitalista, na qual há competição, a relação entre oferta e demanda é condicionante para o movimento do mercado. Por isso, nesta seção, clarificaremos como essa relação influencia a formação do preço de bens e serviços.

A demanda permite estudar o comportamento dos consumidores. Em uma representação gráfica, a curva de demanda contém informações sobre a quantidade de mercadoria ou de serviço que os consumidores estão dispostos a comprar por dado preço unitário, considerando-se constantes (*ceteris paribus* no termo latino) outros fatores além dos preços.

Visto que a renda individual determina o consumo, a curva de demanda tem inclinação negativa, levando à interpretação de que os consumidores estão sempre dispostos a comprar maior quantidade pelo preço menor. Logo, caso um bem ou serviço se torne mais barato e a renda real do consumidor aumente, o consumo, por sua vez, tende a aumentar. Logo, a lei da demanda afirma que, se tudo o mais for mantido constante, a quantidade demandada de um bem aumentará quando o preço do bem diminuir (Haffner, 2013).

Acrescentamos que a demanda sofre influência também de fatores como renda do consumidor, presença de bens ou serviços substitutos no mercado, ações mercadológicas da empresa, hábitos e preferências do consumidor, entre outros aspectos e variáveis macroeconômicas.

Por seu turno, a **oferta** permite relacionar o quanto a empresa quer vender a determinado preço em momento específico, considerando a existência de diversos condicionantes, como preço praticado pelo mercado, custos dos insumos ou fatores de produção, tecnologia empregada etc.

Para facilitar a análise, a curva de oferta mostra, graficamente, como o preço de um bem ou serviço se relaciona com a quantidade ofertada. À medida que o preço se eleva, há aumento da quantidade ofertada. Assim, há uma curva de oferta inclinada para cima, pois ela se relaciona positivamente com o preço. Em suma, a lei da oferta postula que a quantidade ofertada de um bem ou serviço aumenta quando seu preço sobe.

Vale acrescentar que, no ato da oferta, os gestores precisam ter profundo conhecimento de seus custos, do contexto econômico, da atuação dos competidores e consumidores, de haver, ou não, tecnologia empregada, e de quais são as expectativas referentes ao mercado.

Tendo esclarecido como funcionam a oferta e a demanda, e como essas forças movimentam o mercado, explicaremos agora de que modo ambas se comportam para haver **equilíbrio de mercado**. Esse conceito é importante, pois, dependendo de como se situa, os gestores devem traçar novos planejamentos e estratégias relativos tanto à demanda quanto à oferta. Se considerarmos uma representação gráfica, o ponto de equilíbrio acontece no mercado quando as curvas de oferta e demanda se cruzam, conforme demonstra o Gráfico 3.4.

Gráfico 3.4 – Equilíbrio de mercado

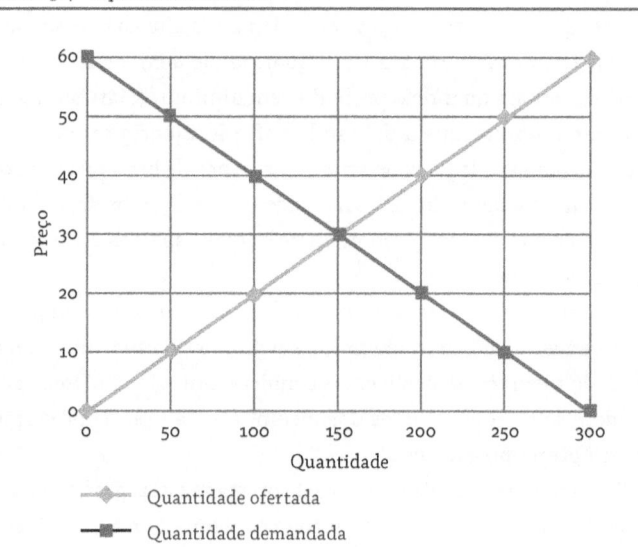

Como se pode observar, o equilíbrio de mercado ocorre quando a quantidade do bem ou serviço que os consumidores desejam e podem adquirir é exatamente igual à quantidade que os vendedores disponibilizam e podem vender. Portanto, com base no Gráfico 3.4, é possível depreender que o equilíbrio de mercado ocorre quando o preço do bem ou serviço se iguala a R$ 30,00 em uma quantidade de 150 unidades naquele exemplo. Em suma, esse é o preço que iguala oferta e demanda.

E como aplicar essa teoria de oferta e demanda ao processo de precificação? Eis aí um grande desafio, pois, no setor de serviços, não é possível estabelecer uma quantidade exata acerca do quanto será demandado diariamente, pois o mercado é dinâmico: um dia os clientes podem demandar mais de determinado serviço e, na semana seguinte, essa demanda pode cair ou se elevar.

No entanto, o papel da teoria é guiar, à luz da microeconomia, a interpretação acerca do comportamento da firma e dos consumidores em dado mercado. Logo, o gestor precisa compreender como essa relação entre oferta e demanda impacta o dia a dia da empresa para traçar estratégias para maximizar suas necessidades e suprir com êxito toda a sua demanda.

É preciso avaliar até que ponto o aumento nos preços será benéfico para a empresa, visto que o consumidor tende a desejar menos um serviço que se torna mais caro. No entanto, a perspectiva é de que, quando se lance uma promoção com "superofertas" e descontos atrativos, a demanda aumente pelo desejo de consumir mais por um valor menor.

Por fim, é inescapável citar o papel do governo, que pode influenciar a relação oferta e demanda por meio de legislação, tributação, alteração na taxa de juros, política de crédito, entre outras ações. Por isso, mais uma vez, é preciso estar atento à relação entre micro e macroeconomia.

Lembre-se de que cada consumidor é único, e que, dependendo de suas características, os clientes podem, ou não, ser mais sensíveis a uma alteração no nível de preços, conforme veremos, a seguir, ao explorarmos o conceito de elasticidade.

3.5 ELASTICIDADE-PREÇO DA DEMANDA

A elasticidade-preço da demanda (EPD) mede a variação percentual da quantidade demandada em função de uma mudança no preço. Em suma, é a elasticidade da demanda que mensura a reação dos consumidores às alterações no preço. Essa compreensão, portanto, é de extrema importância para que a empresa analise sua política de preços com cautela.

Entretanto, antes de qualquer aprofundamento sobre esse conceito, precisamos destacar que a influência sofrida pela demanda ocorre segundo o tipo de bem ou de serviço ofertado. Essa categorização é a seguinte:

- Bens/serviços substitutos – Quando há dois ou mais bens/serviços substitutos para os quais o aumento no preço de um eleva a demanda pelo outro. Podemos analisar, como exemplo, o transporte urbano. Suponhamos que determinado público esteja habituado a utilizar o transporte público para se deslocar por uma distância relativamente curta; porém, há também oferta de deslocamento urbano via aplicativos em veículos privados que fazem o mesmo percurso. Nesse caso, um aumento no valor da passagem de ônibus tende a aumentar a demanda por deslocamento em veículos privados por meio de aplicativos. O contrário também se aplica, quando tudo o mais permanece constante.
- Bens/serviços complementares – É quando acontece a venda de um bem ou serviço em conjunto. Logo, são aqueles cujo aumento no preço de um reduz a demanda de ambos. Como exemplo, podemos pensar na oferta de pacotes turísticos incluindo transporte e hospedagem. Como a venda é feita em conjunto, se houver aumento no preço de um, consequentemente, a demanda por ambos os serviços tende a reduzir.

Com essa compreensão, avançaremos para o conceito de elasticidade da demanda. De modo geral, podemos defini-la da seguinte maneira, à luz de Cruz et al. (2012):

- ❖ Elástica – Quando a variação da quantidade demandada de um produto ou serviço é maior do que a variação de seu preço, o que sugere que há alta sensibilidade dos consumidores ante a variação do preço. Essa realidade se aplica, sobretudo, quando há substitutos para o bem ou serviço ofertado.
- ❖ Inelástica – Quando a variação na quantidade demandada de um produto ou serviço é menor do que a variação de seu preço, demonstrando que o consumidor é pouco sensível à variação no preço. Essa realidade se aplica a bens e serviços essenciais, de modo que o aumento no preço não afeta significativamente a quantidade demandada, a exemplo de serviços relacionados à saúde, como consultas e exames clínicos.

Esses conceitos são de extrema relevância, pois, conforme destaca Haffner (2013), se uma empresa deseja saber como aumentar a fatia do mercado por meio da redução dos preços de um serviço, e avaliar o impacto dessa redução sobre a quantidade demandada desse mesmo serviço, ela deve saber estimar a elasticidade da demanda.

Assim, por exemplo, se um serviço tem substitutos próximos, conforme o preço sobe, há tendência de diminuir a quantidade demandada. Nesse caso, a demanda é mais elástica, ou seja, mais sensível à variação do preço. Contudo, caso se trate de um serviço essencial, sem substitutos próximos, a demanda tende a ser menos elástica, ou inelástica, isto é, menos sensível à variação no preço.

A EDP pode ser calculada pela seguinte fórmula:

$$EPD = \frac{\Delta Q\%}{\Delta P\%}$$

Em que:
ΔQ% = variação percentual da quantidade demandada;
ΔP% = variação percentual do preço do bem ou serviço.
Derivando esse calculo, obtemos a seguinte fórmula:

$$EPD = \frac{\frac{Q_{final} - Q_{inicial}}{Q_{inicial}}}{\frac{P_{final} - P_{inicial}}{P_{inicial}}}$$

O resultado obtido por meio desse cálculo tende a revelar se a demanda é elástica ou inelástica, conforme demonstramos no Quadro 3.1.

Quadro 3.1 – Classificação elasticidade preço da demanda

Elasticidade-preço da demanda	Elasticidade	Descrição
|EPD| > 1	Demanda elástica	Indica que a variação percentual na quantidade demandada é maior que a variação percentual no preço. Portanto, a elevação no preço provoca uma redução na quantidade demandada relativamente maior que essa elevação no preço. Logo, a demanda é muito sensível à variação do preço.
|EPD| < 1	Demanda inelástica	Indica que a variação percentual na quantidade demandada é menor que a variação percentual no preço. Logo, a elevação no preço provoca redução na quantidade demandada relativamente menor que essa elevação no preço. Portanto, a demanda é pouco sensível à variação do preço.
|EPD| = 1	Elasticidade preço unitária	Indica que a variação percentual na quantidade demandada é exatamente igual à variação percentual no preço.

Fonte: Elaborado com base em Vasconcellos; Oliveira, 2010.

Outro elemento que pode influenciar a elasticidade e, consequentemente, o preço final são as estruturas de mercado, conforme especificaremos a seguir.

3.6 Estruturas de mercado

Mercado é o ambiente onde compradores e vendedores se encontram para o intercâmbio de bens e serviços. Podemos pensar, por exemplo, em uma agência que presta consultoria contábil e jurídica. Essa agência se configura como um mercado, pois presta serviços. A negociação nesse mercado poderia acontecer presencialmente, em uma agência física, ou pela internet.

É importante reconhecer que cada mercado tem suas características e composição, de modo que a determinação do preço do serviço prestado depende de diferentes condições e especificidades de tal mercado.

Para conhecer esse mercado, é necessário compreender seus condicionantes básicos, com ênfase na quantidade de empresas que competem entre si, na diferenciação dos produtos e na intensidade das barreiras à entrada de novos competidores (Cruz et al., 2012). Diante da relevância desses elementos, sugerimos uma divisão que contempla, essencialmente, as seguintes estruturas: concorrência perfeita, monopólio, oligopólio e concorrência monopolista.

A concorrência perfeita diz respeito à estrutura de mercado na qual vendedores e compradores não têm capacidade de afetar o preço de mercado, sendo esses apenas tomadores do preço (Vasconcellos; Oliveira, 2010). De acordo com os autores, um mercado pode ser interpretado como concorrência perfeita quando:

- ❖ É atomizado, pois existem inúmeros vendedores e compradores, de modo que ninguém, individualmente, consegue interferir no preço do produto/serviço.
- ❖ O produto/serviço é homogêneo, sem qualquer diferenciação que possa levar o consumidor a escolher o vendedor A ou B; ele simplesmente se guiará pelo menor preço.

❖ Há perfeita informação, ou seja, há transparência plena de informações sobre preço, custo e qualidade entre os concorrentes.
❖ Não existem barreiras à entrada de novas empresas; logo, é possível que qualquer empresa entre no mercado.

Observando cada uma dessas características, é possível inferir que, no setor de serviços, praticamente inexiste concorrência perfeita, pois há cada vez mais investimento para se prestar um serviço com a maior qualidade possível. Ademais, a mão de obra envolvida na prestação do serviço por si só é um diferencial, sem mencionar publicidade, marketing, redes sociais, valor agregado ao serviço, entre outros. Por mais que seja o mesmo serviço, o atendimento se traduz em diferencial; desse modo, além do preço, involuntariamente o consumidor avaliará outras características do serviço.

Já a concorrência monopolista é uma estrutura de mercado na qual há muitas empresas que prestam os mesmos serviços ou similares, mas não idênticos. Nessa situação, a concorrência também opera de forma livre, sem restrições para entrada ou saída de competidores, o que significa dizer que é relativamente fácil para uma empresa entrar ou sair de determinado ramo ou segmento. Em geral, o número de vendedores e consumidores é amplo, assim como a oferta de bens e serviços.

Contudo, o que distingue a concorrência perfeita da concorrência monopolista é que esta pressupõe alguma diferenciação no serviço prestado; então, cada empresa tem, em alguma medida, poder sobre o preço que pratica. No entanto, nessa estrutura de mercado as empresas tendem a evitar medidas drásticas, pois há muitos concorrentes com uma variedade de opções similares.

Logo, para se sobressair em meio à concorrência monopolista, as empresas precisam apostar em estratégias que agreguem valor ao serviço prestado. Outros diferenciais, como publicidade, mimos, pós-venda, entre outros, são determinantes nesse mercado para que a empresa aumente sua margem de lucro ante a concorrência.

Restaurantes, hotéis, empresas de consultoria e educação, espaços de estética, entre tantos outros, são exemplos de mercados com estrutura de concorrência monopolista. Esse tipo de mercado é numeroso, e guarda certas particularidades. Além disso, não há impedimento para a entrada ou saída de prestadores de serviço nesses mercados.

Em contrapartida, o monopólio apresenta outro extremo, pois, em linhas gerais, nessa estrutura inexiste concorrência, havendo apenas um único fornecedor que presta serviços, sem substitutos próximos. Conforme destacam Pindyck e Rubinfeld (2010), é o monopolista que controla totalmente a quantidade de produto a ser colocada à venda.

Logo, no monopólio há muitas barreiras à entrada de novos competidores, como listam Vasconcelos e Oliveira (2010):

- ❖ Barreiras legais – Quando certo serviço só pode ser produzido por uma única empresa por determinação da lei ou da criação de uma patente.
- ❖ Controle do fornecimento de matérias-primas – Quando a empresa monopolista controla ou detém o fornecimento de alguma matéria-prima essencial, impossibilitando o acesso aos concorrentes.
- ❖ Grande investimento inicial – É uma importante barreira à entrada de novas empresas.

No Brasil, há dois exemplos típicos de monopólio: a empresa de Correios (no setor de serviços), responsável pelo transporte e entrega de encomendas, mercadorias e outras atribuições; no setor petroquímico, há a Petrobrás, que atua de forma integrada e especializada na indústria de óleo, gás natural e energia.

Nesses casos, como há apenas uma empresa que oferta determinado bem ou serviço, há certa liberdade na fixação dos preços devido à inexistência de outros competidores. Contudo, é importante frisar que o monopolista não pode, por si só, estabelecer o preço que deseja, pois é preciso estimar primeiramente os custos, além de considerar as características que envolvem a demanda do mercado.

O oligopólio, por sua vez, é uma estrutura na qual há concorrência, porém é entre poucos vendedores que ofertam produtos semelhantes. Em linhas gerais, cada oligopólio detém uma parcela grande do mercado; logo, os consumidores não têm força para pressionar o ofertante a reduzir os preços (Cruz et al., 2012).

Se uma empresa integrante do oligopólio altera sua política de vendas, os concorrentes serão afetados e induzidos a reagir. Por exemplo, se uma empresa fixa o preço abaixo do nível do mercado, essa atitude tende a atrair os consumidores, pressionando as demais empresas que ofertam produtos ou serviços similares a traçarem novas estratégias competitivas.

Vale frisar que a maioria das organizações de um oligopólio aufere lucros substanciais no longo prazo devido às barreiras que dificultam (ou impossibilitam) a entrada de novas empresas no mercado. Entre os oligopólios existentes, podemos mencionar sua presença nos segmentos de automóveis, aço, alumínio, petroquímica, equipamentos elétricos, computadores e serviços financeiros, a exemplo dos grandes bancos (Haffner, 2013).

Em estruturas oligopolistas, muitos elementos impedem ou dificultam a entrada de novas empresas em um mercado, como a existência de barreiras à entrada e à saída, as quais podem ser tecnológicas, de alto investimento etc. Por contar com um número pequeno de empresas, a estrutura de mercado em oligopólio pode propiciar a prática ilícita de cooperação entre empresas, prejudicando o consumidor. Essa prática é conhecida como *cartel*, isto é, quando há acordo entre empresas para estabelecer o preço ou a divisão do mercado. Uma organização pode ser vista como cartel quando há domínio de mais de 50% do mercado.

No Brasil, o Conselho Administrativo de Defesa Econômica (Cade) é o órgão responsável por fiscalizar essa prática, exercendo, principalmente, as seguintes funções:

> Preventiva: analisar e posteriormente decidir sobre as fusões, aquisições de controle, incorporações e outros atos de concentração econômica entre grandes empresas que possam colocar em risco a livre concorrência.

Repressiva: investigar, em todo o território nacional, e posteriormente julgar cartéis e outras condutas nocivas à livre concorrência. Educativa: instruir o público em geral sobre as diversas condutas que possam prejudicar a livre concorrência; incentivar e estimular estudos e pesquisas acadêmicas sobre o tema, firmando parcerias com universidades, institutos de pesquisa, associações e órgãos do governo; realizar ou apoiar cursos, palestras, seminários e eventos relacionados ao assunto; editar publicações, como a Revista de Direito da Concorrência e cartilhas. (Cade, 2022)

Em suma, as estruturas de mercado influenciam as estratégias competitivas e, por consequência, a formação de preços. A elasticidade da demanda também tende a mudar de acordo com cada estrutura, pois, em uma condição de monopólio, por exemplo, dado o aumento no nível de preços, o consumidor não encontrará um serviço substituto no mercado, sendo obrigado a pagar mais para consumir. Em contrapartida, no caso dos mercados competitivos, certamente a demanda tende a ser mais elástica em decorrência da alteração no preço. Esses são cenários marcados pela presença de bens ou serviços substitutos, de modo que o consumidor tem mais possibilidades de escolha.

Esse conjunto de elementos é a razão pela qual a precificação precisa ser desenvolvida de forma estratégica, levando em conta os aspectos das esferas macro e microeconômica.

Síntese

Explicamos que o consumo, a poupança, a inflação, o desemprego e a inadimplência exercem influência sobre o mercado. Além dessas variáveis, abordamos a relação entre câmbio e taxa de juros, a fim de identificar como cada uma pode impactar os preços de determinado bem ou serviço.

No âmbito da esfera microeconômica, analisamos o equilíbrio de mercado como o ponto no qual a quantidade do bem ou serviço que os consumidores desejam e podem adquirir é exatamente igual à quantidade que os vendedores disponibilizam e podem vender. Especificamente sobre a demanda, mencionamos os principais conceitos que a envolvem, como bens e serviços substitutos ou complementares, analisando como estão associados à elasticidade.

Por fim, mencionamos as principais estruturas que formam o mercado, com ênfase na concorrência perfeita, na concorrência monopolista, no monopólio e no oligopólio, e nas estratégias competitivas referentes a cada estrutura.

marvent/Shutterstock

4

Variáveis de custo, societárias e tributárias

A sociedade e as empresas estão em constante mudança. A concorrência está cada vez mais acirrada, exigindo que as empresas se adaptem rapidamente aos novos cenários e às novas tecnologias. Logo, os consumidores de hoje buscam, frequentemente, serviços de alta qualidade, entrega rápida e confiabilidade. Para oferecer tudo isso a um preço acessível e continuar sobrevivendo no mercado, as empresas devem ter um bom controle sobre seus custos.

Megliorini (2012) ressalta que, em um mercado altamente competitivo, o conhecimento e a arte de administrar são fatores determinantes para o bom desempenho de toda empresa, independentemente de esta ser de porte pequeno, médio ou grande. As mudanças no ambiente empresarial têm impacto na contabilidade gerencial, uma vez que as empresas precisam de informações que orientem e auxiliem seus gestores no alcance de melhores resultados. Tais informações são a base para as tomadas de decisão, e devem estar disponíveis aos gestores na priorização e na resolução dos problemas (Collatto; Reginato, 2005).

E qual é a melhor forma de mensurar os custos de um serviço? Que tipos de variáveis devem ser consideradas na análise de custos? Mensurar os custos é uma etapa crucial de precificação. Abordaremos aqui algumas ferramentas consentâneas para auxiliar nesse levantamento, bem como as variáveis intrínsecas a esse processo.

Os gastos são classificados em custos, despesas e investimentos. Compreender as características de cada categoria é primordial na tarefa de precificação.

E os tributos? Precisam ser repassados para os clientes, ou seja, devem estar embutidos no preço final? A resposta a essa pergunta depende do contexto. Para interpretar melhor o efeito dos tributos na precificação, trataremos também das variáveis societárias e tributárias, e os principais regimes tributários existentes no Brasil.

Antes de adentrar nos métodos específicos de custos, apresentaremos, a seguir, os principais custos em uma organização.

4.1 Tipos de gastos

Para gerenciar corretamente os custos, é imperioso compreender os conceitos relacionados a eles. O termo *gasto*, por exemplo, é utilizado para descrever as ocorrências nas quais a empresa despende recursos ou contrai dívida para obter algum bem ou serviço. É, portanto, o conceito que engloba todos os custos (Wernke, 2005).

Logo, na visão contábil e empresarial, gasto é toda saída de dinheiro feita pela empresa visando ao aumento dos lucros. Em outras palavras, é o que a empresa gasta para concretizar sua atividade-fim. Sob essa perspectiva, aplicar uma visão estratégica e analítica dessas informações ajuda a identificar tendências de crescimento e, principalmente, viabilizar a vida útil da empresa (FGV, 2017).

E como controlar os gastos de uma empresa? Esse desafio envolve os tipos de gastos pertinentes ao negócio. É a prática, a rotina e o dia a dia da empresa que determinam se um gasto é necessário ou superficial.

Os gastos se dividem em: custos, despesas e investimentos.

Custo diz respeito ao que a empresa gasta com a produção ou comercialização de um bem ou serviço. Conforme Cruz et al. (2012), os custos podem ser classificados em:

❖ **Custos fixos** – São os gastos voltados para a produção de bem ou serviço que não variam de acordo com a quantidade produzida. Os valores são os mesmos independentemente do volume produzido ou ofertado. Isso significa que, mesmo que não haja produção ou oferta, esses gastos incidirão. Por exemplo, valores referentes ao aluguel ou aos salários dos funcionários.

❖ **Custos variáveis** – São os gastos voltados à produção de bens ou serviços que variam de acordo com a quantidade produzida. São exemplos a matéria-prima de produtos e os insumos utilizados na oferta de um serviço.

❖ **Custos híbridos** – Gastos voltados para a produção de bem ou serviço que são fixos ou variáveis. Esses custos apresentam uma parcela fixa até determinado patamar, podendo variar se houver aumento considerável na produção de bens ou serviços. Um restaurante, por exemplo, ao ofertar o cardápio padrão, tem um custo fixo diário na compra de determinados alimentos; porém, dependendo da sazonalidade do público, esses custos podem variar, aumentando a demanda por certos alimentos.

Seguindo nossa classificação de gastos, as despesas se associam, em grande medida, à gestão da empresa, não apresentando relação direta ou indireta com os bens e serviços. Também podem ser divididas em fixas, variáveis ou híbridas. Aqui, vale salientar que custos correspondem ao operacional de uma empresa, ao passo que as despesas referem-se a sua administração.

Por fim, os investimentos são gastos associados ao porte de capital para que a empresa tenha capacidade de se manter competitiva no mercado. Investimentos carregam sempre um sentido de troca; afinal, a empresa gasta tendo em vista um retorno futuro. Considerando a realidade empresarial, investimento é o gasto efetuado na aquisição de ativos que visam a um retorno futuro (Wernke, 2005). Como exemplo, podemos pensar em: aquisição de novas tecnologias ou de infraestrutura mais adequada; estabelecimento de filiais; e capital aplicado em pesquisa e desenvolvimento.

A FGV (2017) propõe, de forma breve, quatro perguntas que auxiliam na identificação e classificação dos gastos de um negócio:

1. Se eu parar de vender, esse gasto continuará existindo?
2. Quanto mais eu vender, mais esse gasto aumentará?
3. Vendendo ou não, eu terei esses gastos?
4. Quanto tive de retorno ao fazer esse gasto?

Convém salientar que, apesar de haver essa classificação, é preciso ter cuidado com generalizações, pois cada gasto deve ser classificado, sobretudo, segundo suas características contratuais.

Após esse aprofundamento sobre os principais tipos de gastos, trataremos, a seguir, da importância de cada categoria no âmbito dos métodos de custeio.

4.2 Métodos de custeio

Nesta seção, explicaremos como os métodos de custeio contribuem para a gestão estratégica de custos e para a tomada de decisão. É evidente a preocupação dos pesquisadores e profissionais brasileiros em relacionar os conceitos de estratégia e de custos, estabelecendo um elo entre esses dois importantes itens.

A gestão estratégica de custos consiste na gestão dos gastos de uma empresa a fim de contribuir para a percepção, a qualidade e a geração de informações:

> Isso possibilita compreender as decisões passadas com o objetivo de projetar as decisões futuras e relacionar os princípios de estratégia aos conceitos e métodos de custos, com foco na eficiência e eficácia dos resultados, de forma a gerar informações sobre a capacidade de respostas da estrutura para suportar as estratégias competitivas. (Cruz, 2012, p. 27)

A atual conjuntura global, a expansão das empresas e o significativo aumento da competitividade demandam adaptações e informações que forneçam subsídios para que a gerência tome as decisões mais acertadas. Para Colombo e Auler (2009), o conhecimento e o controle dos custos são essenciais para que isso ocorra, pois refletem em várias decisões, desde as relacionadas com operações até a formação do preço de venda, determinantes para o sucesso da empresa.

Para Santos (2000), a mensuração dos custos é um instrumento de controle e planejamento; de controle, porque qualquer atividade que manipule valores está sujeita ao controle de custos; consequentemente, controle e planejamento estão entrelaçados, pois planejar pressupõe prever o que está por vir, e ter controle sobre o que se passa é condição capital para a precificação.

Nessa perspectiva, as abordagens de custos visam detectar a relação da produção de um bem ou serviço com os recursos consumidos nesse processo. Logo, a delimitação dos custos depende da compreensão da gestão e da operação dos gastos da empresa (Cruz, 2012). Entre outros objetivos de uma empresa ao mensurar seus custos, Megliorini (2012) destaca:

- atender às exigências legais quanto à apuração de resultados de suas atividades; e
- conhecer os custos para tomadas de decisão corretas no exercício e controle do negócio.

Em suma, os custos devem refletir as atitudes, os comportamentos, as estruturas e o modo de operar da empresa. Dessa forma, quanto mais estruturada for uma organização, melhores serão seus resultados. E quanto menos informações estiverem disponíveis, menos expressivos serão os resultados (Megliorini, 2012).

Certa empresa prestadora de serviços, por exemplo, incorre diariamente em vários gastos para realizar suas atividades operacionais, como a compra de materiais a serem aplicados na execução dos serviços, a aquisição de material de escritório, o pagamento de taxas e impostos, manutenção dos bens patrimoniais, folha de pagamento etc. (Megliorini, 2012).

E como projetar ou, até mesmo, organizar todas essas informações? Wernke (2005) elenca quatro métodos de custeio que podem ser aplicados:

1. **Método de custeio por absorção** – É aplicado especialmente em custos fabris, fixos ou variáveis, diretos ou indiretos, em um dado período. Nesse levantamento, os produtos absorvem todos os gastos classificáveis como custos, envolvendo matérias-primas, salários, encargos sociais, depreciação das máquinas, aluguel etc.
2. **Método de custeio baseado em atividades (ABC)** – Caracteriza-se pela tentativa de identificação de várias atividades desempenhadas por uma empresa. Na sequência, buscamos conhecer o montante de recursos consumidos por período (geralmente de um mês), com relação aos salários, aluguel, depreciação etc. Esse método permite identificar quanto custa executar cada atividade.
3. **Método unidades de esforço e produção (UEP)** – Forma de custeio específica para as empresas industriais, envolvendo custos de matérias-primas e de transformação.
4. **Método de custeio direto ou variável** – Nessa concepção, são incorporados aos produtos ou serviços os gastos a eles associados – mais precisamente, os custos e despesas variáveis. Aqui não são incluídos os custos ou despesas fixas.

Os quatro métodos supracitados apresentam vantagens e limitações específicas, cabendo à empresa que pretende utilizá-los averiguar qual se adapta melhor às necessidades das operações a serem executadas.

Pensando em avançarmos mais pontualmente no setor de serviços, propomos aqui o custeio direto como um método para gestão de custos, favorecendo a geração de informações sem a realização de rateios ou de rastreamento dos custos indiretos. Visa, portanto, ao registro e relato de informações para fins gerenciais e para o atendimento das exigências de usuários internos (Collatto; Reginato, 2005).

Existe diferença entre custeio e o método de que estamos tratando aqui? Custeio é a apropriação dos custos; já um método de custeio está associado ao "processo" de levar os gastos ao objeto de custo, ou seja, são formas utilizadas pelas empresas para avaliar estoques, apurar custos dos produtos vendidos ou dos serviços prestados, controlar os recursos consumidos durante o período e, ainda, para apurar individualmente os custos dos produtos ou serviços. (Colombo; Auler, 2009, p. 51)

Na prática, a estrutura do método direto é organizada em custos fixos e variáveis com vistas a apresentar informações pertinentes para a efetiva gestão da empresa na oferta de seus serviços. Cruz et al. (2012) observam que o método de custeio direto se intensificou na sociedade americana dos anos 1930, justificando o esforço da gestão dos gastos e a eficiência na formação do preço de venda. O método de custeio direto, também denominado pela literatura de *custeio variável*, existe desde 1905; o primeiro artigo a tratá-lo de forma relevante foi escrito, em 1936, por Jonatham N. Harris e é intitulado *"What Did We Earn Last Month?"*. Foi a partir dessa década que empresas e pesquisadores começaram a dar maior atenção aos custos variáveis (Cruz et al., 2012).

Um diferencial do método de custeio direto está na possibilidade de identificar a contribuição de cada tipo de produto ou serviço para a estrutura da empresa, o que gera grande contribuição para o processo de precificação. De acordo com Colatto e Reginato, (2005), esse método se destaca por proporcionar a decisão de adicionar ou suprimir algum serviço ofertado, bem como avaliar os seguintes aspectos:

- serviços, linhas e segmentos mais lucrativos;
- mudanças ocorridas nas quantidades produzidas e vendidas, nos preços, nos custos e despesas.

Entre as vantagens e desvantagens do método de custeio direto, Wernke (2005) destaca que:

- não é um método aceito pela legislação tributária para fins de avaliação de estoque;

- não envolve rateios e critérios de distribuição de gastos, facilitando o cálculo;
- exige rigor na classificação dos gastos fixos e variáveis para evitar possíveis erros;
- é preciso ter cautela com os gastos não relacionados ao serviço individualmente, como despesas com marketing, pós-venda, gastos com atendimento, entre outros, pois, embora não estejam relacionados diretamente aos produtos ou serviços, esses gastos existem e precisam ser mensurados de alguma forma pela gestão.

Em vista dessa relevância, a seguir, apresentaremos as etapas de aplicabilidade do custeio na precificação.

4.3 ETAPAS DO CUSTEIO DIRETO E APLICABILIDADE NA PRECIFICAÇÃO

Para clarificar como ocorrem as operacionalizações das etapas no método de custeio direto, precisamos relembrar que os gastos fixos são aqueles que não sofrem alterações em valores com o aumento da venda de um serviço. Já os gastos variáveis se alteram de acordo com o aumento da produção, venda ou oferta de um produto ou serviço.

Além dessas definições, outro importante elemento do método de custeio é a não distinção entre custos e despesas. Aqui eles seguem na mesma linha de observação, sendo apenas separados em fixos e variáveis, conforme registramos no Quadro 4.1.

Quadro 4.1 – Gastos fixos e variáveis

Gastos variáveis	Custos variáveis	Despesas ou serviços
	Despesas variáveis	
Gastos fixos	Custos fixos	Estrutura da empresa
	Despesas fixas	

Fonte: Elaborado com base em Cruz et al., 2012.

Portanto, o método de custeio direto apresenta os seguintes passos operacionais (Cruz et al., 2012):

- ❖ Identificação dos custos e das despesas fixas e variáveis – Nessa etapa, é preciso classificar as atividades operacionais (custos) e administrativas (despesas) fixas e variáveis.
- ❖ Cálculo da receita do período e do preço da venda – A receita pode ser auferida pela multiplicação do preço de venda pela quantidade vendida (preço de venda *versus* quantidade vendida).
- ❖ Identificação do custo variável e das despesas variáveis por unidade – Basta observar o valor agregado de cada evento operacional (custos) ou administrativo (despesas) para cada unidade de serviço, obtendo, desse modo, o valor de existência do produto ou serviço.
- ❖ Identificação da margem de contribuição unitária de cada serviço – Essa é a principal medida de desempenho, pois sua base positiva representa que determinado serviço contribui para o pagamento dos custos e das despesas fixas. Assim, a oferta de um serviço só é favorável ao negócio se apresentar margem positiva. Esse dado pode ser obtido pela seguinte equação:

$$\text{Margem de contribuição unitária} = \text{Preço de venda} - \text{Custo variável unitário}$$

- ❖ Identificação da margem de contribuição total do exercício – Resulta da soma das contribuições individuais de toda a carteira de serviços ofertados pela empresa. Esse dado permite saber se o esforço foi suficiente para pagar a estrutura da empresa (custo fixo) e auferir lucro ou prejuízo. Pode ser obtido por meio da seguinte equação:

> Margem de contribuição total =
> Contribuição do serviço A + Contribuição do serviço B

- ❖ Identificação do peso da estrutura da empresa (custos fixos) – Esse dado revela o quanto a empresa custa caso suas atividades permaneçam nulas ou sofram quedas. Esse dado é fundamental para que a empresa se prepare para períodos de crise ou de recessão econômica.
- ❖ Apresentação do ponto de equilíbrio – É constatado quando ocorre a conjunção dos custos totais com as receitas totais, e é representado pela seguinte equação:

$$\text{Ponto de equilíbrio} = \frac{\text{Custos fixos} + \text{Despesas fixas}}{\text{Receita unitária} - \text{Custos e despesas variáveis unitárias}}$$

- ❖ **Demonstração do Resultado do Exercício (DRE)** – Consiste em um relatório financeiro que coloca em evidência o resultado do benefício de determinado período; pode ser preenchido conforme expresso no Quadro 4.2.

Quadro 4.2 – Demonstração do resultado do exercício do custeio direto

DRE–Custeio direto				
	Serviço A	Serviço B	Serviço C	Total
Receitas				
(-) Custos variáveis				
(-) Despesas variáveis				
(=) Margem de contribuição				
(-) Custos fixos				
(-) Despesas fixas				
(=) Margem de contribuição líquida ou resultado				

Fonte: Elaborado com base em Cruz et al., 2012.

Embora a estrutura esboçada no Quadro 4.2 não seja utilizada para fins fiscais, ela é relevante especialmente para análise e ajustes de ofertas e preços; sobretudo, porque expõe a contribuição efetiva de cada serviço, permitindo uma análise criteriosa dos fluxos gerados. Tendo em vista tamanha contribuição, veremos, a seguir, como aplicar o método de custeio direto na precificação.

Em suma, o método de custeio direto permite identificar a contribuição de cada um dos serviços ofertados pela empresa para o pagamento da estrutura fixa. Logo, um serviço, em geral, deve ter o preço estabelecido no valor acima de seus gastos variáveis, apresentando uma contribuição positiva.

Desse modo, podemos assumir que o montante equivalente aos gastos variáveis deve ser considerado o limite mínimo do preço de venda, conforme expressa a seguinte equação (Cruz et al., 2012):

> Preço de venda + Gastos variáveis =
> Margem de contribuição positiva

Além de auxiliar na precificação, todas essas ferramentas apresentadas pelo método de custeio direto são essenciais para: a obtenção da receita dos diferentes serviços ofertados no *mix* da empresa, bem como de seus gastos variáveis; a obtenção do resultado em determinado período; e a análise de desempenho da empresa.

Então, o método de custeio direto oferece diversos benefícios. No entanto, uma boa gestão de preços não pode se restringir à análise dos custos. Essa ferramenta deve ser associada a um conjunto de outras análises, inclusive porque a margem de lucro deve ser sinalizada pelas condições do mercado no qual a empresa está inserida.

Nesse aspecto, ao formar os preços, é preciso contemplar os custos e o demonstrativo de resultados, levando em conta também as estratégias de concorrência nos âmbitos financeiro e mercadológico (Assef, 2010). Outros importantes elementos a serem analisados no processo de precificação são as variáveis societárias e tributárias, conforme trataremos a seguir.

4.4 Variáveis societárias e tributárias na precificação

O sistema tributário no Brasil exerce forte influência no cenário empresarial. Por isso, uma boa gestão deve estar atenta a essa questão, considerando-a mesmo antes de abrir um novo negócio, visto que o impacto se dará, sobretudo, na formação do preço de venda de um produto ou serviço.

Como são vários os fatores que incidem sobre a tributação adotada pela empresa, Konkel (2016) aconselha considerar, em especial, o nível de faturamento e o ramo de atividade. Diante da análise desses aspectos, pode-se identificar o melhor regime tributário para a empresa, podendo ser Lucro Real, Lucro Presumido ou Simples Nacional. Contudo, antes de adentrarmos nessas categorias, clarificaremos o que são os tributos.

Conforme Konkel (2016), os tributos são valores pagos por pessoas físicas e jurídicas aos governos federal, estadual e municipal, na forma de:

- ❖ Impostos – Incidem sobre o patrimônio, a renda ou o consumo, e servem para financiar serviços universais como saúde, segurança, educação etc. Os diversos impostos são: sobre o patrimônio – o Imposto Predial e Territorial Urbano (IPTU) e o Imposto sobre a Propriedade de Veículos Automotores (IPVA); sobre a renda – o Imposto de Renda (IR) e o Imposto de Renda Retido na Fonte (IRRF); sobre o consumo – o Imposto sobre Produtos Industrializados (IPI), o Imposto sobre Circulação de Mercadorias e Serviços (ICMS) e o Imposto Sobre Serviços (ISS).
- ❖ Taxas – São valores cobrados por entidades públicas federais, estaduais ou municipais para custear o funcionamento e o fornecimento de serviços voltados à sociedade, como a emissão de passaporte, a coleta de lixo etc.
- ❖ Contribuições – Têm destinação específica, como no caso da Contribuição para o Financiamento da Seguridade Social (Cofins), que serve para custear atividades de

saúde, previdência e assistência social. As contribuições são divididas em dois grupos: (1) especial, quando se destina a determinado grupo ou atividade, como o Instituto Nacional do Seguro Social (INSS) e o Programa de Integração Social (PIS); e (2) de melhoria, quando ocorre uma ação que resulta em benefício ao contribuinte, a exemplo do asfaltamento em uma rua e o aumento no valor do imóvel por conta dessa ação.

Outra distinção relevante que devemos fazer é entre os tributos diretos e indiretos. Os **tributos diretos** são aqueles que recaem definitivamente sobre o contribuinte e que estão ligados ao fato gerador do tributo; um exemplo é o Imposto sobre a Renda das Pessoas Jurídicas (IRPJ). Já os **tributos indiretos** são aqueles que, a cada etapa econômica, são repassados para o preço do produto ou serviço. Ilustra isso o ICMS, no qual o contribuinte é o comprador, uma vez que o imposto está embutido no preço.

Tratando mais especificamente da formação dos preços e da projeção da margem de lucro, o peso dos tributos incide especialmente a partir (Sebrae, 2020):

i. das receitas de venda de produtos e serviços (IPI, ICMS, ISS, PIS/COFINS e contribuições previdenciárias);
ii. das importações de bens, serviços e tecnologia (Imposto de Importação, IPI, PIS/COFINS, CIDE, ICMS e ISS);
iii. da folha de salários (contribuições previdenciárias);
iv. do patrimônio (ITR, IPTU e IPVA);
v. do exercício de certas atividades reguladas (p. ex.: taxa da Anatel, FUST, FUNTEL);
vi. do lucro (IRPJ e CSL).

A incidência desses tributos varia conforme o setor de atuação e do porte da empresa. Nesse âmbito, convém saber distinguir quais impostos competem aos níveis municipal, estadual e federal, conforme mostramos no Quadro 4.3:

Quadro 4.3 – Principais tributos que exercem influência sobre a precificação

Tributos federais	Imposto sobre a Renda das Pessoas Jurídicas (IRPJ)	Incide sobre o lucro da empresa, com uma alíquota de 15%, mais um adicional de 10% sobre a parcela do lucro que exceder no montante mensal estipulado. É retido pelos clientes no momento do pagamento das faturas.
	Contribuição Social sobre o Lucro Líquido (CSLL)	Incide sobre o lucro real do negócio, com alíquota de 9%.
	Contribuição para Financiamento da Seguridade Social (Cofins) e Programa de Integração Social (PIS)/Programa de Formação do Patrimônio do Servidor Público (Pasep)	São contribuições que incidem sobre a receita bruta da empresa, em geral, com alíquota combinada de 3,65% (3% de Cofins e 0,65% de PIS/Pasep).
	Imposto sobre Produtos Industrializados (IPI)	É um imposto sobre produtos industrializados, que são tributados quando saem da fábrica. As alíquotas variam bastante por produto e, em média, ficam entre 10% e 12%.
Tributo estadual	Imposto sobre Circulação de Mercadorias e Serviços (ICMS)	É parecido com o IPI, mas pode incidir também sobre alguns serviços. Varia bastante por tipo de produto ou serviço.
Tributo municipal	Imposto sobre Serviços de Qualquer Natureza (ISS)	Incide sobre a prestação dos serviços listados na Lei Complementar n. 116/2003. A alíquota, em média, varia entre 2% e 5%.

Fonte: Elaborado com base em Sebrae, 2020.

Tendo comentado sobre os principais tributos, vale mencionar as formas que as empresas têm para tributar seu resultado, pois a escolha da opção tributária interfere diretamente no cálculo dos tributos e na incidência sobre a formação de preços. É importante salientar que o enquadramento tributário deve ser bem planejado. Para tanto, Konkel (2016) sintetiza as principais classificações:

- **Lucro Real** – É considerado o mais complexo, pois destina-se, em geral, a empresas de grande porte. Esse regime tem como principal objetivo apurar o lucro da empresa, deduzindo das receitas o total de gastos. Enquadram-se nesse regime as empresas com receita bruta anual superior a 78 milhões de reais e cujas atividades sejam de bancos comerciais, bancos de investimentos, bancos de desenvolvimento, caixas econômicas, sociedades de crédito, entre outras instituições de financiamento e investimento.
- **Lucro Presumido** – É uma maneira mais simplificada de tributação do imposto de renda. Cerca de 80% das empresas no Brasil optam por esse regime, sendo que o limite anual de receita bruta dessas empresas deve corresponder a 78 milhões de reais, ou, no caso de atividade inferior a 12 meses, até 6,5 milhões de reais por mês. Nesse caso, a apuração do IRPJ e da CSLL é realizada a partir de uma base de cálculo pré-fixada pela legislação, na qual as margens de lucro são específicas e variam de acordo com a atividade da empresa.
- **Simples Nacional** – Trata-se de uma forma especial de tributação sobre o lucro presumido. Enquadram-se, nesse regime, as microempresas com receita bruta anual de até 360 mil reais e pequenas empresas com até 3,6 milhões de reais que desempenhem atividades econômicas como indústrias, comércios e serviços. As principais vantagens desse regime são as alíquotas menores[1].

Com relação à aplicabilidade das variáveis societárias e tributárias, Cruz et al. (2012) ressaltam a importância de toda empresa:

- identificar a estrutura societária e tributária dos fornecedores e clientes;
- detectar os benefícios relativos aos tributos da esfera estadual; e

---

1 Advertimos que os valores informados aqui são os vigentes no ano de 2022, havendo a possibilidade de serem alterados por mudanças na legislação.

❖ compreender que a concorrência corresponde a uma importante variável de precificação.

Ter ciência dos tributos é mandatório para se obter êxito na precificação. O Sebrae (2020), inclusive, alerta sobre algumas consequências derivadas de problemas fiscais nas empresas, como: dificuldade para entrada de um novo sócio; restrições para receber recursos de entidades como o Banco Nacional de Desenvolvimento Econômico e Social (BNDES) ou instituições financeiras; e, até mesmo, problemas capazes de impedir a venda ou de causar o fechamento da empresa.

Síntese

Afirmamos que os gastos são toda saída de dinheiro feita pela empresa visando ao aumento dos lucros; eles se dividem em: custos (fixos, variáveis e híbridos); despesas (também fixas, variáveis e híbridas); e investimentos.

Na sequência, apresentamos diferentes métodos de custeio, com ênfase no custeio direto como um método para gestão de custos no setor de serviços, favorecendo o registro e o relato de informações fulcrais para fins gerenciais.

Avançamos para os instrumentos de operacionalização e aplicabilidade das variáveis do custeio na precificação e esclarecemos como construir corretamente a Demonstração do Resultado do Exercício do custeio direto. Por meio de cada passo, relacionamos os diferentes tipos de gastos ao preço final de determinado serviço.

Por fim, especificamos as variáveis societárias e tributárias que permeiam a rotina de uma empresa. Informamos que os tributos são valores pagos por pessoas físicas e jurídicas aos governos federal, estadual e municipal, na forma de impostos, taxas e contribuições.

Analisamos os regimes tributários existentes no Brasil – Lucro Real, Lucro Presumido e Simples Nacional –, mostrando que cada um pode afetar de modo diferente o preço final do produto ou serviço.

marvent/Shutterstock

5

Variáveis mercadológicas

Com o aumento da concorrência em escala global, as decisões e medidas tomadas pelas empresas devem estar alinhadas a seus objetivos e políticas de fixação de preços. O preço é um componente decisivo, uma vez que a maioria dos clientes se preocupa com o valor que está pagando por um bem ou serviço. Logo, tal como ocorre com as variáveis econômicas, de custos, societárias e tributárias, a análise das variáveis mercadológicas é determinante para se obter êxito na precificação estratégica.

Neste capítulo, analisaremos as principais variáveis mercadológicas – clientes, fornecedores, concorrência e organização –, buscando compreender como cada uma influencia o processo de precificação, haja vista que estão diretamente ligadas aos níveis de ambientes organizacionais (geral, operacional e interno).

Com base no potencial de cada variável, qualificaremos a análise SWOT e o composto de marketing como ferramentas de grande relevância para as estratégias de longo prazo da empresa.

5.1 Contexto geral das variáveis mercadológicas

Há uma incansável busca pela satisfação do cliente, de modo a se alcançarem melhores resultados em termos de lucro e de práticas empresariais. Não obstante, Corrêa e Costa (2019) salientam que atingir tal satisfação dos consumidores tem se tornado uma tarefa cada vez mais difícil, pois eles são cada vez mais exigentes, desejando produtos e serviços de qualidade por preço acessível a todas as classes. Ademais, o conceito de qualidade está em constante evolução, constituindo uma das práticas mais exigidas e eficazes para qualquer organização empresarial de pequeno, médio ou grande porte.

As variáveis mercadológicas são intrínsecas ao ambiente dinâmico dos negócios, porque inclui forças competitivas, econômicas, políticas, legais, regulatórias, tecnológicas e socioculturais. Sem dúvida, o efeito desse conjunto de elementos exerce um peso sobre a relação entre a organização com seus fornecedores e clientes e, consequentemente, sobre a concorrência.

E por que essas variáveis são tão importantes? Somos clientes: adquirimos produtos e serviços dia após dia buscando suprir nossas necessidades. O cliente é o coração da empresa: sem ele não é possível existir mercado. Já os fornecedores suprem com insumos tudo o que a organização demanda, possibilitando a oferta de produtos ou serviços pelas organizações.

A concorrência parece oculta em alguns casos e, por vezes, pode-se até mesmo esquecê-la – o que é um grande erro, pois todos os dias a concorrência se amplia no mundo todo, mobilizando as organizações em busca de atualização. Em vista disso, a empresa em si também é uma variável importante, pois precisa avaliar as estratégias adotadas internamente para se manter ativa no mercado e considerar todo esse conjunto de elementos na precificação estratégica.

Levando em conta as variáveis mercadológicas, frequentemente os profissionais devem aprimorar seus processos internos de fixação de preços, desenvolvendo sistemas que avaliem as informações de preços da concorrência, os padrões de compra dos consumidores e a gestão de preços. Em última instância, os gestores devem transformar a precificação em uma alavanca para atingir metas rumo ao crescimento lucrativo (Nagle; Hogan, 2007).

Cativar e surpreender clientes e investir em marketing, publicidade e propaganda já não são diferenciais em uma organização, mas um *mix* básico que deve fazer parte da rotina empresarial. Há alguns anos, não se vislumbrava que o marketing digital se tornaria uma ferramenta indispensável para as organizações. Alimentar redes sociais, criar conteúdo, conquistar seguidores e clientes são preocupações que antes não demandavam tanto dos gestores como ocorre atualmente.

Com a expansão tecnológica e a velocidade com que a informação se propaga, a internet se tornou a principal forma de comunicação global. Nesse contexto, as organizações enxergaram uma oportunidade de expandir seus negócios, não somente realizando campanhas publicitárias, mas também transformando seus produtos em vendas por meio da comunicação virtual. Portanto, as organizações tiveram de se ajustar, reorganizando a forma como se comunicam com seus clientes, "pois o ambiente de consumo mudou completamente, se tornando mais direto e pessoal, ou seja, o relacionamento com o consumidor deve ser íntimo para que o mesmo se sinta fidelizado à empresa" (Rosa; Casagranda; Spinelli, 2017, p. 38).

E tudo isso tem um custo: mesmo que a organização não terceirize o marketing para uma agência especializada, certamente há algum colaborador, ou mesmo o proprietário, despendendo tempo para essas ações de marketing. Da mesma forma, o relacionamento com o cliente, sobretudo no pós-venda, é importantíssimo.

E como incluir esses custos no preço do serviço ofertado? Na maioria das vezes, o preço é formado levando-se em consideração apenas os custos dos insumos diretos. Todavia, dependendo do público que determinada organização deseja alcançar, o preço também é uma estratégia de mercado e, para além dos insumos, deve considerar os objetivos da organização e as variáveis mercadológicas.

Em linhas gerais, para Pride e Ferrell (2015), as variáveis mercadológicas são aquelas que contemplam o processo de criação, distribuição, promoção e precificação de bens, serviços e ideias para facilitar a satisfação nas relações de troca com clientes e fornecedores em um ambiente dinâmico.

De acordo com Cruz et al. (2012), ao considerar a influência das variáveis mercadológicas no processo de precificação, é preciso avaliá-las em três principais ambientes:

1. **Ambiente geral** – É externo à organização, sendo formado por componentes com amplo escopo, e sobre os quais a empresa não exerce controle.
2. **Ambiente operacional** – Também é externo à organização, e é composto por setores que, em geral, têm implicações específicas e relativamente mais imediatas na empresa.
3. **Ambiente interno** – Pertence à organização, com implicação imediata e específica em sua administração. Diferentemente dos demais ambientes, contém componentes mais perceptíveis e controláveis pela empresa.

O mercado é incerto. Schumpeter (1982) já afirmava que o desenvolvimento econômico é dinâmico em si e que a incerteza é intrínseca ao capitalismo. O mercado está em constante transformação – novos bens de consumo, métodos de produção ou transporte, novos mercados, novas empresas, novos serviços. Essa mutação tem revolucionado a estrutura econômica endogenamente, destruindo elementos antigos e introduzindo outros.

Mudanças no ambiente do mercado criam incertezas, ameaças e oportunidades para os profissionais. Por exemplo, empresas que fornecem produtos digitais, como *softwares*, músicas e filmes, enfrentam muitas ameaças ambientais, mas também podem encontrar oportunidades, devido ao avanço da tecnologia. Portanto, monitorar o ambiente é crucial para a sobrevivência da empresa e o alcance a longo prazo de seus objetivos (Pride; Ferrell, 2015).

Pride e Ferrel (2015) salientam que tanto o **monitoramento ambiental** quanto a **análise ambiental** são de suma importância no processo de precificação. O monitoramento ambiental consiste na coleta de informações sobre as forças de um ambiente; a análise ambiental, por seu turno, avalia e interpreta as informações reunidas por meio do monitoramento ambiental.

Um gerente avalia a informação buscando um entendimento preciso, e tenta solucionar as inconsistências existentes nos dados colhidos com justificativas plausíveis, atribuindo significado às suas descobertas. Ao avaliar essa informação, o gestor deve estar apto a identificar potenciais ameaças e oportunidades ligadas às mudanças ambientais. Uma **ameaça** poderia ser, por exemplo, o aumento das taxas de juros ou de câmbio; já uma **oportunidade** pode surgir com o aumento na renda do consumidor, com a redução da taxa de desemprego ou, ainda, a adoção de nova tecnologia (Pride; Ferrell, 2015).

É de suma importância essa interpretação, pois as variáveis mercadológicas – e influenciadoras na formação de preços – estão diretamente ligadas aos níveis do ambiente organizacional. A fim de explicar mais detalhadamente as principais variáveis, daremos ênfase aos clientes e fornecedores, à concorrência e à organização.

5.2 Cliente e fornecedor

O cliente é uma variável crucial no processo de precificação de qualquer serviço, pois, como consumidor, é dele que emerge a aprovação ou não acerca do que uma empresa produz e oferta. É ele que compara produtos e serviços, preços, qualidade, atendimento, ao mesmo tempo que oferece sugestões e busca por seus direitos (Banov, 2017). Portanto, a satisfação do cliente deve nortear consideravelmente a formação de preço.

Considerando-se os níveis organizacionais analisados anteriormente, a variável cliente está diretamente associada a todos eles por meio dos seguintes componentes (Cruz et al., 2012):

- Ambiente geral – Econômico, social, legal, tendências e acessibilidade.
- Operacional – Perfil, comunicação.
- Interno – Colaboradores, lideranças, cultura organizacional, comunicação interna.

O **ambiente geral**, como temos referido, é externo à organização, envolvendo componentes da sociedade como um todo. O componente econômico, por exemplo, indica o poder de compra atual do cliente e um conjunto de variáveis econômicas, como desemprego, juros, inflação etc. O componente social corresponde às características da sociedade na qual a empresa está inserida. Por sua vez, o componente legal compreende o conjunto de leis que rege a sociedade. A tendência leva em conta a moda e os hábitos dos clientes. Já a acessibilidade diz respeito ao local de acesso onde o serviço é ofertado pela organização.

As variáveis econômicas estão muito relacionadas ao ambiente geral, podendo causar impactos positivos ou negativos na demanda. Se houve um aumento geral no nível de renda, como quando é pago o 13º salário, a demanda tende a aumentar pontualmente. Entretanto, essa tendência não pode ser entendida como uma regra, visto que a resposta da demanda varia também segundo outras condicionalidades do serviço ofertado.

Para analisar com mais profundidade o **ambiente operacional**, é necessário considerar o perfil do cliente com ênfase no público ao qual a organização deseja alcançar. Outro componente de forte impacto é a comunicação, que, alinhada a esse perfil, deve garantir um bom relacionamento entre a empresa e seus clientes.

A maneira mais correta de se obter a fidelização da clientela é a busca de constantes informações sobre ela, de modo a se identificarem suas preferências e individualizar o atendimento, para que cada cliente se sinta bem ao realizar uma compra ou transação. Quanto ao operacional, a qualidade no atendimento também é um assunto de suma importância. Corrêa e Costa (2019) alertam que não se sabe ao certo quem criou o termo *atendimento ao cliente*, tampouco quem o usou primeiro, mas é consenso a importância desse assunto para as diversas áreas e práticas comerciais do mercado. A forma como o atendimento é prestado e a busca pela fidelização dos consumidores é uma preocupação de donos de empresas há muitos anos e que vem se intensificando.

O cliente procura uma empresa almejando que suas expectativas sejam supridas e, quiçá, superadas, o que exige sensibilidade, agilidade e rápida percepção do gosto de cada consumidor por parte dos funcionários e da empresa. No âmbito operacional, deve-se considerar os custos relacionados ao treinamento e à capacitação, para oferecer ao cliente todas as informações de que ele necessita de forma clara e precisa (Corrêa; Costa, 2019).

Quanto ao ambiente interno da empresa, elencamos, primeiramente, os colaboradores, cujas aspirações e competências devem ser observadas e empregadas no bom andamento da organização. Outro componente de igual relevância são as lideranças, que devem estimular e motivar a equipe organizacional. A esse respeito, a cultura organizacional associada à comunicação interna merece destaque, pois ambas influenciam diretamente na relação entre lideranças, colaboradores e clientes.

O comprometimento com a satisfação final do cliente deve partir da organização, mais precisamente de todos os funcionários, do pessoal da limpeza à liderança da organização, pois só assim a empresa terá condições de permanecer por muitos anos no mercado, exercendo suas atividades com qualidade e eficiência (Corrêa; Costa, 2019).

Depois de termos clarificado a relação entre a variável cliente e os principais ambientes organizacionais, trataremos agora da análise do fornecedor. Essa variável está diretamente vinculada à formação de preço. Logo, seus componentes devem ser observados com cautela, a fim de se assegurar a competitividade da organização.

Um fornecedor com baixo custo tem, por exemplo, condições de se envolver em uma disputa agressiva. Entretanto, além do custo, uma organização deve estar atenta à capacidade de seus fornecedores oferecerem quantidades adequadas quando e onde forem necessárias.

Ao construir confiança em determinado fornecedor, os compradores reduzem seus esforços de busca e a incerteza a respeito de preços. Todavia, no caso de um serviço fracassar em atender suas especificações, deixando o cliente insatisfeito, a organização deve avaliar a possibilidade de mudar um ou mais de seus fornecedores (Pride; Ferrell, 2015).

Com relação aos níveis organizacionais, a variável fornecedor está diretamente associada a todos eles a partir dos seguintes componentes (Cruz et al., 2012):

- ❖ Ambiente geral – Legalidade, localização, acessibilidade e oferta.
- ❖ Operacional – Tecnologia.
- ❖ Interno – Qualidade, negociação e conhecimento do mercado.

No **ambiente geral**, mantém-se a interpretação relacionada ao cliente quanto aos componentes de legalidade, localização e acessibilidade. O que há de novo aqui é a oferta, pois uma empresa deve estar empenhada em buscar novos parceiros com potencial de ofertar os insumos demandados. Dada a relevância de sustentar a oferta, é imprescindível que os fornecedores tenham capacidade de realizar as entregas cumprindo prazos e das condições previstas.

É válido lembrar que as variáveis econômicas também contemplam o ambiente geral e se relacionam no âmbito da oferta, sobretudo em tempos de inflação ou desvalorização cambial, acarretando o aumento dos custos dos insumos. Esses episódios tendem a impactar o preço e, até mesmo, a oferta do serviço, caso a empresa não esteja preparada para arcar com o aumento de determinados custos.

Em referência ao **operacional**, ganha centralidade a questão da tecnologia. Negri e Lemos (2009) observam que países considerados líderes em ciência e tecnologia são também potências econômicas, e países com forte crescimento econômico apresentam matrizes cada vez mais complexas.

Logo, o termo *tecnologia* refere-se à aplicação prática de ferramentas e procedimentos de ponta. De acordo com Lovelock, Wirtz e Hemzo (2011, p. 5):

> Inovadores provedores de serviços estão interessados em como podem usar novos desenvolvimentos tecnológicos para automatizar e acelerar processos, reduzir custos, facilitar entregas dos serviços, manter um relacionamento mais próximo com seus

clientes e lhes oferecer mais conveniência, agregar mais atrativos a produtos existentes e possibilitar o desenvolvimento de novos tipos de serviços.

Por fim, no **ambiente interno**, a escolha dos fornecedores deve primar pela qualidade, agregando, desse modo, valor substancial ao serviço prestado. A negociação também tem de ser contemplada, pois deve haver flexibilidade nas condições de compra e pagamento. Levando tudo isso em consideração, fica evidente a necessidade de se ter um bom conhecimento sobre o mercado, para alcançar competitividade no âmbito da formação de preços. Na ausência de um conhecimento profundo sobre o mercado, todos os demais componentes perdem relevância.

Tendo esclarecido como as variáveis cliente e fornecedor se relacionam com os níveis organizacionais e exercem influência sobre o processo de precificação, analisaremos, a seguir, as variáveis concorrência e organização.

5.3 Concorrência e organização

Durante a primeira metade do século XX, a concorrência aumentou, e as empresas perceberam que teriam de ampliar o foco para conseguir vender seus produtos e serviços (Pride; Ferrell, 2015). Cada vez mais a concorrência ocorre globalmente e entre muitos competidores. Se antes o foco era a produção, agora a ênfase é no cliente.

Para se manter competitiva, a empresa deve estar atenta aos competidores: saber o que produzem, em que inovam, suas dificuldades e sucessos. Logo, os gestores precisam monitorar constantemente a concorrência e adaptar suas decisões de produto, preço, praça e promoção para criar sucesso no longo prazo. Afinal, uma estratégia de preços bem elaborada tem o potencial de atrair consumidores e confundir a concorrência (Banov, 2017).

Como na **teoria dos jogos**, o sucesso da precificação não depende apenas das decisões da própria empresa, mas, sobretudo, de como os clientes e concorrentes reagirão a elas. Essa teoria é utilizada para analisar a interação estratégica dos agentes econômicos, como em uma competição na qual cada jogador busca a melhor estratégia perante os adversários.

A teoria dos jogos é utilizada, em geral, para a compreensão de fenômenos em que dois ou mais agentes (indivíduos ou organização) interagem entre si e precisam tomar uma decisão (Nagle; Hogan 2007). Para exemplificar, utilizamos uma matriz de ganhos esquematizada por Vasconcellos e Oliveira (2010), que representa os sucessos de cada pessoa; levando em consideração as combinações de estratégias, tomamos um cenário hipotético, com apenas dois jogadores. Se apenas uma empresa entrar em um novo mercado, ela obterá um lucro adicional de 1 milhão de reais. Já se duas empresas entrarem, o lucro adicional será de 600 mil reais para cada uma. Observe:

Quadro 5.1 – Matriz de ganhos de um jogo

		Empresa B	
		Entra	Não entra
Empresa A	Entra	(600, 600)	(1.000, 0)
	Não entra	(0, 1.000)	(0, 0)

Fonte: Vasconcellos; Oliveira, 2010, p. 209.

A análise da matriz nos leva a inferir que, para a Empresa A, os resultados possíveis são sempre os que aparecem antes da vírgula, ou mais à esquerda; para a Empresa B, os resultados serão sempre os que aparecem depois da vírgula, ou mais à direita. Logo, a Empresa A pode lançar mão de duas estratégias, que são entrar ou não entrar no novo mercado. Ela tomará sua decisão levando em consideração as possibilidades de a Empresa B também entrar (ou não) nesse novo mercado.

Em linhas gerais, presume-se que, se a Empresa B entrar no mercado e a Empresa A não entrar, a Empresa A não terá lucro adicional. Contudo, se as duas empresas entrarem no novo mercado, o lucro adicional de ambas será de 600 mil. Desse modo, a melhor estratégia para a Empresa A é entrar no mercado. Do mesmo modo, se a Empresa B não entrar no mercado e a Empresa A entrar, a Empresa

B não terá lucratividade. Assim, para a Empresa B, a melhor estratégia, independentemente da estratégia da Empresa A, também será entrar no novo mercado.

No âmbito da precificação, em um jogo entre dois concorrentes, como saber qual é a melhor estratégia? De acordo com a teoria dos jogos, a estratégia dominante é aquela em que há uma escolha ótima de estratégia para cada um dos dois jogadores, não importando o que o outro faça (Varian, 2015). Como no exemplo que exploramos há pouco, independentemente da escolha da Empresa B, a Empresa A obterá melhor resultado se entrar no novo mercado. Esse mesmo raciocínio é empregado para a Empresa B. Com isso, tem-se um equilíbrio em estratégias dominantes.

A fim de clarificarmos essa dinâmica, descrevemos, a seguir, os componentes da variável concorrência em sua relação com os ambientes organizacionais (Cruz et al., 2012):

- Geral – Representatividade no mercado, fatores econômicos, produtos substitutos, barreiras à entrada.
- Operacional – Logística e tecnologia.
- Interno – Qualidade, inovação, estrutura organizacional, políticas de recursos humanos.

No que concerne ao **ambiente geral**, é preciso detectar a força da concorrência no mercado. Além dessa interpretação, deve-se proceder à análise dos concorrentes e observar os fatores econômicos que podem potencializá-la, a exemplo de uma política de crédito. Na esfera microeconômica, cabe ainda uma análise sobre a presença de bens ou serviços substitutos, bem como sobre a existência de barreiras à entrada, pois, se houver, certamente serão poucos os produtos ou serviços substitutos; logo, a concorrência tenderá a ser menor.

No **nível operacional**, a logística e a tecnologia também devem ser aliadas, uma vez que ambas devem contribuir para que o serviço alcance o cliente com o máximo de satisfação e desempenho. Perceba que, novamente, aqui a tecnologia ganha destaque, dado que, manter-se ativo no mercado, com diferenciais em meio à concorrência, requer empenho constante na apropriação de novas tecnologias.

Nesse quesito, é possível enfatizar, como exemplo, a relevância do *e-commerce*. Muitos serviços hoje são vendidos de forma totalmente *on-line*. Ter um bom desempenho na concorrência virtual só é possível quando a organização utiliza as tecnologias da informação e comunicação (TICs) a seu favor. No âmbito da precificação, esse *insight* é interessante, pois trabalhar virtualmente reduz em grandes proporções os custos operacionais.

Lembremos que, para ingressar no *e-commerce*, não é preciso desenvolver um *site* e arcar, inicialmente, com altos custos. Existem muitas plataformas de vendas *on-line* que viabilizam a oferta de produtos e serviços sem custos ou com custo mínimo. Aplicativos também são excelentes recursos, como: Marketplace Facebook; Instagram Shopping; Hotmart Marketplace; Mercado Livre; conta com outros *sites* e aplicativos que surgem continuamente no mercado. Até mesmo o *Whatsapp* conta com uma ferramenta de catalogo *on-line* sem custo.

Destacar-se em meio à concorrência também é resultado do esforço de fidelizar clientes, e a tecnologia precisa ser empregada nessa busca. Rosa, Casagranda e Spinelli (2017) observam que as empresas ingressaram nas redes sociais para estabelecer uma relação de fidelidade mais íntima e informal com o consumidor, transformando a empresa em uma espécie de influenciadora. Nessa relação, os clientes se identificam com a marca. Esse processo de humanização é um diferencial de êxito que faz muitas empresas ganharem espaço no mercado.

> As estratégias em plataformas digitais ampliam o campo de atuação do marketing, que, além de plataformas comuns para o consumidor, passa a contar com a internet e dispositivos digitais para desenvolver suas ações de marketing. Os benefícios para as empresas que utilizam a internet em suas estratégias de marketing são efetivos, considerando-se a abrangência mundial da rede, e o interesse que esta desperta em seus usuários. (Rosa; Casagranda; Spinelli, 2017, p. 38)

Sobre a precificação, cabe lembrarmos que, no *e-commerce*, a concorrência é ampla, portanto, para além de se inserir nesse mercado, é preciso avaliar os preços que estão sendo praticados, e o público que se pretende alcançar, a fim de construir uma precificação estratégica que beneficie a empresa.

Por fim, é no **ambiente interno** que se deve buscar qualidade e inovação, não apenas no desenvolvimento de um serviço, mas também na forma como ele será ofertado. Na mesma proporção, merece destaque a capacitação contínua dos colaboradores, pois pessoas motivadas são, em geral, mais produtivas, contribuindo significativamente para a melhoria da estrutura organizacional da empresa.

Considerando a estrutura organizacional, abordaremos a importância de um conhecimento pleno sobre a organização, o que capacita a empresa para a conquista de maior competitividade no mercado. A seguir, apresentamos os componentes que dizem respeito à organização em três níveis (Cruz et al., 2012):

1. Geral – Informações, legislação, confiabilidade.
2. Operacional – Tecnologia e logística.
3. Interno – Políticas de recursos humanos, estratégias, resultados, estrutura organizacional, inovação, criatividade e comunicação.

No ambiente **geral**, a organização deve estar continuamente empenhada em uma boa gestão da informação, em especial no que diz respeito ao negócio. Igualmente relevante é atender a todas as exigências legais para o funcionamento e bom andamento da empresa. Essas são medidas que garantem, no longo prazo, a credibilidade e a confiabilidade da organização no mercado.

No âmbito **operacional**, novamente a tecnologia deve estar aliada à logística no que diz respeito à organização. Já o foco no ambiente **interno** deve estar voltado para a promoção dos recursos humanos, de estratégias coerentes com o mercado e da busca constante por resultados. A inovação e a criatividade também precisam ser colocadas em prática. Por fim, a busca por uma boa comunicação deve ser incessante. Seja com clientes, seja com fornecedores ou investidores, a comunicação é um veículo de suma importância para alavancar o negócio.

De posse de uma compreensão maior sobre as variáveis mercadológicas e a importância de considerá-las na precificação estratégica, trataremos, a seguir, da análise SWOT.

5.4 Análise SWOT

A análise SWOT não tem uma origem definida, mas se acredita que ela tenha sido desenvolvida na década de 1960 por professores da Universidade de Stanford, a partir da análise das 500 maiores empresas dos Estados Unidos. Portanto, a análise SWOT foi desenvolvida no contexto das grandes empresas e, posteriormente, passou a ser adotada também em outras situações, como em empresas de menor porte. SWOT é uma sigla em inglês que reúne os termos *Strengths* ("pontos fortes"), *Weaknesses* ("pontos fracos"), *Opportunities* ("oportunidades") e *Threats* ("ameaças") (Nakagawa, 2021).

Grosso modo, a análise SWOT tem sido amplamente aplicada como método de gestão para o estudo dos ambientes interno e externo das organizações. Com isso, os gestores podem organizar um plano de ação para reduzir os riscos e aumentar as chances de sucesso das empresas. Logo, sua função é possibilitar a análise da empresa sob diversas perspectivas de forma simples, objetiva e propositiva.

Na prática, pontos fortes e fracos são fatores internos que podem influenciar a capacidade de uma empresa em satisfazer seus mercados-alvo. Já as oportunidades e ameaças são fatores externos que ocorrem de forma independente e fora da estrutura organizacional. De acordo com Pride e Ferrell (2015):

- Pontos fortes – Referem-se às vantagens competitivas ou competências centrais que conferem à empresa uma superioridade sobre as outras no atendimento das necessidades de seu mercado.

- Pontos fracos – São limitações que a empresa enfrenta no desenvolvimento ou implementação de uma estratégia.
- Oportunidades – Referem-se às condições favoráveis do ambiente que podem recompensar uma organização caso sejam postas em prática.
- Ameaças – São as barreiras que impedem a organização de alcançar seus objetivos. Quando o concorrente introduz um novo serviço com capacidade de ameaçar certa empresa, esta deverá pôr em prática uma estratégia defensiva, muitas vezes envolvendo a política de precificação.

Em linhas gerais, após observar todos os elementos explicitados acima, os desafios impostos pela análise SWOT são: converter os pontos fracos em pontos fortes; converter ameaças em oportunidades; e combinar as oportunidades com os pontos fortes a fim de impulsionar a empresa, conforme esquematizado na Figura 5.1.

Figura 5.1 – Matriz SWOT

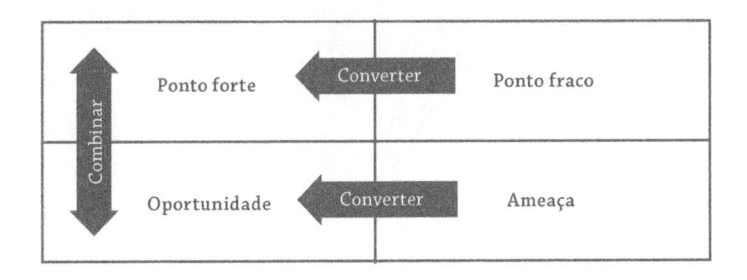

Combinar	Ponto forte	Converter	Ponto fraco
	Oportunidade	Converter	Ameaça

Fonte: Pride; Ferrell, 2015, p. 38.

E qual é a relação entre a matriz SWOT e o processo de precificação? É possível aplicar essa matriz em diversas perspectivas, considerando alguns cenários:

- A estratégia de preços que vem sendo adotada é um ponto forte?

❖ Caso seja um ponto fraco para a organização, como otimizar a precificação estratégica transformando-a em ponto forte?
❖ Se o preço aplicado é um ponto forte, como combiná-lo com outras variáveis em busca de novas oportunidades?
❖ Se o preço da concorrência se materializa em uma ameaça, como converter em oportunidade?

Para simular a aplicabilidade da matriz SWOT no setor de serviços, elencamos no Quadro 5.2 alguns exemplos para o preenchimento dos quadrantes.

Quadro 5.2 – Matriz SWOT

Pontos fortes	Pontos fracos
❖ Capital de giro/acesso ao crédito ❖ Competências da área ❖ Vantagens em custos ❖ Acesso a bons fornecedores ❖ Tecnologia de ponta ❖ Preço competitivo ❖ Publicidade e propaganda	❖ Problemas operacionais internos ❖ Baixa qualificação da equipe ❖ Local pouco estratégico ❖ Baixa capacidade de comercialização ❖ Dificuldade em agregar valor ao serviço ❖ Alto gargalo de tempo entre o prazo previsto e o tempo real despendido para a execução do serviço
Oportunidades	Ameaças
❖ Modernização da infraestrutura ❖ Inserção em novos mercados ❖ Implementação de novas tecnologias ❖ Alcance de um público maior ❖ Diversificação no *mix* de serviços prestados	❖ Entrada de novos concorrentes ❖ Mudança de preferência do consumidor ❖ Poder de barganha do consumidor quanto ao preço ❖ Aumento dos insumos por parte dos fornecedores ❖ Desvalorização cambial

Observando as informações do Quadro 5.2, podemos presumir que a simulação trata de uma empresa de prestação de serviços de alto teor tecnológico. Os desafios que se apresentam são: traçar estratégias para converter os pontos fracos em fortes; combinar os pontos fortes com as oportunidades; e alavancar a empresa a fim de minimizar os possíveis efeitos das ameaças – que, por sinal, podem se traduzir em oportunidades quando forem encaradas estrategicamente.

Para que a empresa adote uma estratégia de precificação adequada a suas especificidades e condizente com o ambiente em que quer sobreviver e crescer,ela precisa se conhecer, o que demanda:

> um exercício honesto de avaliação com respeito aos seus pontos fortes e fracos e avaliar as implicações e consequências de uma ação voltada para o futuro. A partir desse confronto entre pontos fortes e fracos, deve surgir o perfil da empresa, suas possibilidades reais de crescimento e diversificação, seu poder competitivo e os alvos pretendidos. (Torres, 2002, p. 35)

E essa estratégia pode falhar? Sim, pode. A principal falha no uso da análise SWOT é imaginar que basta preencher os quadrantes: essa atividade é só o começo. Depois do preenchimento, é preciso analisar o que a empresa poderá (ou deverá) fazer para aproveitar seus pontos fortes e as oportunidades, melhorar seus pontos fracos e tentar extinguir ou minimizar o efeito das ameaças potenciais. Em outras palavras, é necessário um plano de ação, o qual deve estar associado às estratégias de precificação adotadas pela empresa.

Um estudo de caso realizado por Silva et al. (2011) trata da utilização da matriz SWOT como ferramenta estratégica em uma escola de idiomas de São Paulo. Segundo os autores, a matriz SWOT propõe que a empresa busque ter uma visão objetiva sobre suas principais forças e fraquezas considerando o ambiente interno, suas oportunidades e ameaças em âmbito externo. De acordo com os pesquisadores, essa análise pode ser utilizada por gerentes a fim de elaborar estratégias para obter vantagens competitivas e melhorar o desempenho organizacional, o que reitera a importância de implementar a matriz SWOT na precificação estratégica.

Ainda no que se refere ao uso da matriz SWOT pelas organizações, Johnson, Scholes e Whittington (2007) destacam os seguintes benefícios:

- reúne de forma prática os fatores das análises internas;
- sinaliza os elementos de alta prioridade da gestão da empresa;
- proporciona a elaboração de estratégias focadas em locais importantes pré-determinados;
- apresenta de forma clara os principais riscos inerentes;
- coloca em evidência as vantagens e oportunidades que podem ser exploradas potencialmente;
- integra informações quantitativas e qualitativas de várias áreas da corporação.

Ademais, os autores observam que a coleta de dados para a execução da matriz e sua elaboração são procedimentos relativamente simples, ou seja, não necessitam de habilidades e treinamentos avançados. Isso implica menos custos e despesas com treinamentos com a gestão estratégica.

A seguir, discorreremos sobre o composto de marketing.

5.5 COMPOSTO DE MARKETING

O composto de marketing, ou composto mercadológico, é formado pelos 4Ps, que correspondem a produto, preço, promoção e ponto (ou praça). Eles foram concebidos por Jerome McCarthy, nos anos 1950, e popularizados por Philip Kotler, na década seguinte. Esses elementos estão esquematizados na Figura 5.2, a seguir.

Figura 5.2 – *Mix* de marketing

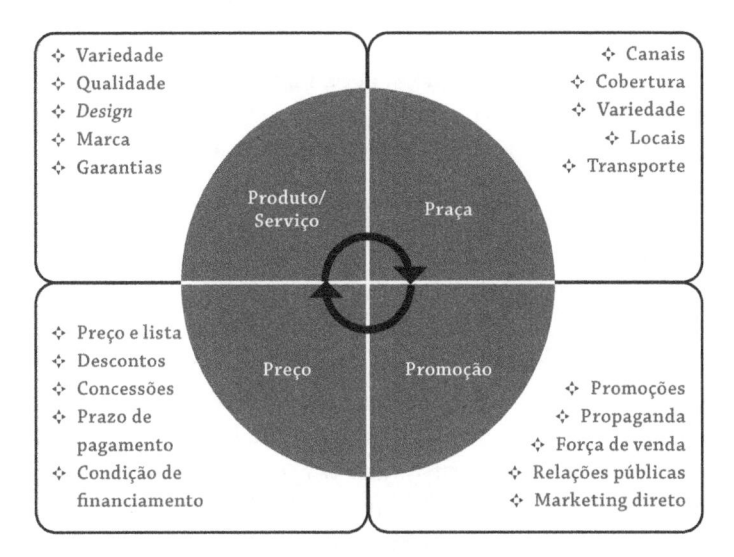

- **Produto/Serviço**
  - ❖ Variedade
  - ❖ Qualidade
  - ❖ *Design*
  - ❖ Marca
  - ❖ Garantias

- **Praça**
  - ❖ Canais
  - ❖ Cobertura
  - ❖ Variedade
  - ❖ Locais
  - ❖ Transporte

- **Preço**
  - ❖ Preço e lista
  - ❖ Descontos
  - ❖ Concessões
  - ❖ Prazo de pagamento
  - ❖ Condição de financiamento

- **Promoção**
  - ❖ Promoções
  - ❖ Propaganda
  - ❖ Força de venda
  - ❖ Relações públicas
  - ❖ Marketing direto

Fonte: Elaborado com base em Cruz et al., 2012.

Segundo Banov (2017), os 4Ps podem ser definidos como:

- ❖ Produto (ou serviço) – Qualquer coisa tangível ou intangível que possa satisfazer a uma necessidade ou a um desejo do consumidor.
- ❖ Preço – É o valor a ser pago pelo produto ou serviço. O preço é elaborado de acordo com o mercado, com o consumidor e com o custo do produto para a empresa. Lembremos que uma estratégia de preços bem-elaborada atrai consumidores e confunde a concorrência.
- ❖ Ponto (ou praça) – É o local onde o consumidor encontra o produto ou serviço. São os diferentes canais de distribuição que a empresa utiliza para disponibilizar o produto/serviço ao consumidor.
- ❖ Promoção – Está relacionada com a comunicação (propaganda) e com outros elementos promocionais que divulgam ou promovem o produto ou serviço.

Analisando o composto de marketing na prática, Lovelock, Wirtz e Hemzo (2011) observam como os 4Ps podem ser aplicados aos serviços. Segundo os autores, estes estão no centro da estratégia de marketing de uma empresa. Logo, todo o planejamento inicia com a criação de um conceito de serviço que oferecerá valor para segmentar os consumidores e satisfazer suas necessidades ante a concorrência.

A respeito do ponto, vale destacarmos que o processo de distribuição pode abranger canais físicos ou eletrônicos, dependendo da natureza do serviço ofertado. Muitos serviços baseados em informação, por exemplo, podem ser entregues instantaneamente em diferentes lugares do mundo. Para que um serviço chegue até o cliente, as decisões precisam ser tomadas sobre onde e quando, e sobre os métodos e canais utilizados. No âmbito da distribuição, também é preciso levar em conta o tempo, pois os consumidores de hoje são os mais sensíveis ao prazo de espera de toda a história. A pressa os leva a considerarem a morosidade um custo que deve ser evitado (Lovelock; Wirtz; Hemzo, 2011).

Ainda de acordo com os autores, o preço é outra variável de extrema relevância, pois é um mecanismo financeiro pelo qual a receita é gerada para compensar os custos de prestar o serviço e, assim, obter uma margem de lucro:

> A estratégia de preços é altamente dinâmica, com níveis de preços ajustados ao longo do tempo, de acordo com fatores como tipo de cliente, lugar e hora da entrega, nível de demanda e capacidade disponível, uma vez que esses fatores alteram a percepção de valor de um serviço. (Lovelock; Wirtz; Hemzo, 2011, p. 31)

Kotler (1998) salienta que o preço é o único elemento que produz receita, ao passo que os demais elementos geram custos. Contudo, o preço é um dos elementos mais flexíveis do composto de marketing, pois pode ser rapidamente modificado, o que não ocorre com as características de um produto, ou com os compromissos com os canais de distribuição. Ao mesmo tempo, o estabelecimento de preço e a concorrência são os principais problemas enfrentados por muitas empresas. Todavia, esse autor observa que muitas empresas não lidam bem com o preço, visto que os erros mais comuns cometidos são (Kotler, 1998):

- ❖ Preços muito orientados para custos.
- ❖ Preços não revisados o suficiente para capitalizar as mudanças de mercado.
- ❖ Preços estabelecidos independentemente dos demais componentes do composto de marketing, em vez de serem assumidos como um elemento intrínseco da estratégia de posicionamento de mercado.
- ❖ O preço não é suficientemente variado para itens de produtos, segmentos de mercado e ocasiões de compra diferentes.

Muitas empresas, especialmente quando entram no mercado, tendem a cometer um dos erros listados. Isso reitera a relevância da precificação estratégica associada ao composto de marketing.

No que tange à **promoção**, nenhum programa de marketing pode ser bem-sucedido sem comunicação eficaz. Os serviços têm a especificidade de serem intangíveis, o que torna difícil sua compreensão e visualização, a exemplo de transações feitas pela internet. Em marketing de serviços, uma grande parte da comunicação é de natureza educacional, especialmente para novos clientes. Por isso, uma boa promoção deve (Lovelock; Wirtz; Hemzo, 2011):

- ❖ prover informações e conselhos necessários;
- ❖ persuadir os consumidores quanto aos méritos de um serviço específico e incentivá-los a agir em momentos específicos;
- ❖ estabelecer confiança na competência da empresa.

Silva e Silva (2010), em um ensaio teórico-empírico realizado em uma instituição de educação profissional reconhecida nacionalmente, demonstram como o composto de marketing pode auxiliar no alcance dos objetivos organizacionais por meio do gerenciamento do fluxo de informações na empresa. As autoras constataram que, quando as organizações utilizam as estratégias de marketing presentes no composto promocional, os benefícios ultrapassam a otimização dos resultados organizacionais.

Em suma, o composto de marketing é mais uma estratégia que pode ser associada à análise SWOT a fim de contemplar as diferentes variáveis mercadológicas, relacionando-as aos três níveis organizacionais. Tanto no ambiente geral quanto no operacional (ou interno), todas as variáveis precisam ser consideradas na definição de estratégias de longo prazo, pois elas influenciam diretamente o processo de precificação.

Síntese

Evidenciamos a importância de analisar as variáveis mercadológicas na precificação estratégica, considerando as relações de troca com clientes e fornecedores em um ambiente dinâmico que se desdobra nos níveis geral, operacional e interno. Apresentamos a relação entre concorrência e organização, com ênfase no papel do gestor com relação à análise e à tomada de decisão.

No âmbito estratégico, esclarecemos como a análise SWOT é utilizada para converter os pontos fracos em pontos fortes, ameaças em oportunidades, e combinar as oportunidades com os pontos fortes a fim de impulsionar a empresa.

Associado a esse conjunto de estratégias, demonstramos como analisar em profundidade o composto de marketing formado pelos 4Ps (produto, preço, promoção e ponto ou praça).

marvent/Shutterstock

6

Precificação estratégica em serviços

O preço a ser cobrado pelo serviço é fator determinante para a sobrevivência de qualquer empresa. Para ser viável, o serviço requer que o modelo de negócio permita que seus custos de criação e entrega, com adição de uma margem de lucro, sejam recuperados graças a estratégias adequadas de preços.

Esse desafio é um tanto complexo, não é? Diferentemente de produtos, os serviços guardam características que afetam diretamente as estratégias de precificação: é o caso de sua intangibilidade, perecibilidade, variabilidade e simultaneidade.

Imaginemos, agora, inúmeras tabelas de tarifas de bancos, empresas de telefonia, ou taxas de companhias aéreas. Cada ramo utiliza nomenclaturas diferentes para atribuir preços a seus serviços: as universidades e as escolas cobram mensalidades; profissionais liberais, honorários; bancos cobram juros; corretoras estipulam comissões; rodovias cobram pedágio; serviços públicos impõem tarifas; empresas de seguro estabelecem prêmios, e assim por diante (Lovelock; Wirtz; Hemzo, 2011).

Antes, os preços eram estipulados com base nos custos acrescidos da margem de lucro; agora, essa estratégia é pouco utilizada de forma isolada. Os custos devem, sim, ser levados em consideração, porém todas as outras variáveis merecem ser analisadas para que o preço seja uma ferramenta de estratégia competitiva no mercado. Afinal, uma empresa bem-posicionada justifica seus preços e garante a satisfação de seus clientes.

Conforme explicitamos nos capítulos anteriores, o processo de precificação é algo extremamente dinâmico e um tanto complexo. É essa percepção que precisa mover o gestor em busca da precificação estratégica. E existe um caminho para se estabelecer o preço ideal?

A boa notícia é que não existe apenas uma forma, mas várias, entre as quais figuram as que expusemos até aqui: conhecer as variáveis econômicas, de custos, societárias, tributárias e mercadológicas; compreender a dinâmica do mercado; realizar a matriz SWOT; e traçar estratégias que se materializem em ganhos para a organização.

Neste capítulo, proporemos um passo a passo para auxiliar na formação do preço final com vistas a alcançar os objetivos da empresa. A principal razão para implementar a precificação estratégica é adotá-la como ferramenta para alcançar os objetivos reais da organização.

Em uma empresa nova, o objetivo pode ser conquistar consumidores; no caso de uma empresa mais consolidada, o interesse pode ser o aumento da margem de lucro. Se houver muitos concorrentes, o objetivo pode estar associado ao ganho de representatividade no mercado. Se o foco for se destacar no mercado de luxo, o propósito da precificação precisa estar alinhado à demanda que se pretende alcançar.

Outra particularidade de extrema relevância é o porte da empresa. Dificilmente organizações concorrentes, porém de tamanhos discrepantes, terão sucesso praticando o mesmo nível de preço:

> empresas de menor porte tendem a operar com margens líquidas de lucro e de rentabilidade reduzidas e com baixo grau de diferenciação dos seus produtos, reduzindo, consequentemente, a lucratividade e a rentabilidade do negócio, ameaçando, inclusive, a sua sobrevivência. Aliás, empresas de maior porte podem exercer influências sobre a precificação dos produtos no mercado

por deterem um alto poder de barganha perante os seus fornecedores. (Milan et al., 2016, p. 446)

Logo, não há um caminho único, pois cada estratégia de preço tem suas particularidades, cada organização tem sua história, suas experiências e seu nicho, e o preço praticado precisa estar alinhado a tudo isso. Por isso é que a precificação estratégica é um processo, isto é, um procedimento a ser implementado em etapas.

Por se tratar de um processo, propomos também, neste capítulo, algumas estratégias de apreçamento em serviços que devem estar relacionadas com os objetivos de cada empresa. Tamanho desafio também está em selecionar a estratégia de precificação para a implementação de um novo serviço. Ademais, entre as estratégias de precificação, veremos as principais diferenças entre as bases – custo, demanda e competição – e como cada uma guia o processo de precificação de maneira singular.

Em suma, a extensão do uso de qualquer estratégia depende de seus objetivos de precificação. Nesse âmbito, abordamos também a importância de avaliar o preço pela percepção do público-alvo. Com essa técnica, o gestor enfatizará o preço na estratégia global de mercado. Conforme salientam Nagle e Hogan (2007, p. 17):

> A estratégia de precificação tem a ver com gerenciar proativamente o comportamento do cliente em vez de simplesmente adaptar-se a ele. Os decisores de preço não perguntam "como devo mudar o preço?"; eles perguntam: "o que mudou para tornar o preço inaceitável e como mudar isso?" [...] Nesse caso, a ação adequada não é baixar o preço, mas educar o cliente sobre o valor criado pelas características únicas, de modo a justificar o preço mais elevado.

Por fim, explicitaremos que um dos principais objetivos de qualquer empresa é o alcance dos lucros previstos, o que requer uma combinação de rigor analítico e julgamento gerencial para contemplar a relação entre preços, custos e resposta do consumidor.

6.1 Criação de estratégia de precificação

O processo de precificação é extremamente dinâmico, pois deve estar voltado para as principais características do mercado. Pereira (2021) salienta que a precificação consiste em um trabalho técnico determinante para a tomada de decisão relativa sobre o valor de venda. "Possíveis erros, para mais ou para menos, são problemáticos, visto que, se for para mais, perde-se para o mercado; se for para menos, o negócio fica comprometido" (Pereira, 2021, p. 80).

Nesse aspecto, Pride e Ferrell (2015) advertem que o primeiro passo para o estabelecimento de preços é desenvolver os objetivos da precificação, ou seja, as metas que descrevem o que uma organização deseja alcançar por meio desse processo.

> Deve-se assegurar que os objetivos de precificação sejam consistentes com os objetivos globais e de marketing da organização, pois eles influenciam decisões em muitas áreas funcionais de um negócio, incluindo finanças, contabilidade e produção. (Pride; Ferrell, 2015, p. 388)

É preciso, inicialmente, mapear as especificações técnicas, financeiras e comerciais envolvidas na formação de preços da empresa, as quais possibilitam a identificação das variáveis acerca do serviço a ser precificado. Essas variáveis podem ser o ramo, o segmento, as características técnicas, a durabilidade, a garantia, o público-alvo, o tempo de execução média, as especificidades jurídicas, a funcionalidade geral, a necessidade que está sendo atendida, a relação entre oferta e demanda, entre outras (Cruz et al., 2012).

Precificar, na prática, exige um mapeamento que coloque em evidência os pontos fortes e fracos de modo a se obterem informações para a identificação das variáveis de análise, entre as quais destacamos as de custos, econômicas, mercadológicas, societárias e tributárias.

E como o preço final de um serviço contempla todas essas variáveis? A seguir, listamos o passo a passo das etapas que podem ser empregadas para se chegar ao preço final segundo Pride e Ferrell (2015):

1º. Desenvolver os objetivos da precificação.
2º. Analisar a avaliação do preço pelo público-alvo.
3º. Determinar a demanda.
4º. Analisar as relações entre demanda, custo e lucro.
5º. Avaliar os preços da concorrência.
6º. Escolher uma base para o estabelecimento de preços.
7º. Selecionar uma estratégia de precificação.
8º. Determinar o preço final.

Portanto, para proceder à precificação estratégica, o primeiro passo é o alinhamento dos objetivos. Em linhas gerais, os objetivos devem ser associados à missão, à visão e aos valores da organização. Aonde a empresa quer chegar? Qual caminho percorrer? A precificação só será estratégica se for condizente com a resposta a esses questionamentos, o que torna a definição dos objetivos algo crucial.

A missão corresponde à proposta em razão da qual a organização existe em seu negócio. A visão refere-se ao que a empresa espera ser/realizar em determinado tempo, orientando os colaboradores para o futuro, sem, contudo, se distanciar da realidade da empresa. Já os valores dizem respeito às convicções relativas ao que se considera importante para a realização de objetivos (Ferreira, 2016).

Em geral, um empreendimento deve pensar sua política de preços considerando objetivos de curto e longo prazo, como (Pride; Ferrell, 2015):

- ❖ Sobrevivência – Quando o objetivo principal da empresa é a sobrevivência no mercado, precisa manter os preços temporariamente baixos; por vezes, abaixo dos custos, para atrair mais clientes. Essa situação é típica em casos de crise econômica, quando a demanda passa a ser insuficiente para suprir os gastos da empresa. Mas vale ressaltar que no longo prazo esse não deve ser o objetivo principal da empresa, pois sua razão de existir deve estar associada não só a sobreviver no mercado, mas a se perpetuar com lucratividade.

- ✧ **Lucro e retorno sobre o investimento** – Esses objetivos devem nortear a política de longo prazo da empresa. Há momentos em que uma empresa realiza um investimento mais expressivo, como a compra de equipamentos, ou, até mesmo, uma mudança na infraestrutura. Nesses casos, não é possível mudar os preços pontualmente apenas para ter o retorno do investimento. Por isso, esses são objetivos de longo prazo, isto é, toda estratégia de preços deve considerar a importância do lucro e do retorno em relação ao que vem sendo investido.
- ✧ **Participação de mercado** – Esse objetivo está relacionado à venda de um serviço, seja internamente, seja no exterior. Em muitos casos, os ofertantes veem o aumento na participação de mercado como um objetivo primário de precificação. Logo, para determinados ramos, o aumento do lucro perpassa a necessidade de se alcançar mais consumidores. Quando, especialmente, esse for um objetivo central, a estratégia de preços precisa considerar a percepção da demanda, bem como dos preços praticados pela concorrência.
- ✧ **Fluxo de caixa** – Esse objetivo assemelha-se ao da sobrevivência. Em momentos pontuais, principalmente quando se trata de uma empresa recente, pode emergir a necessidade de restabelecer o preço para repor o fluxo de caixa. Aqui, é importante considerar que o aumento no preço precisa estar associado a uma reeducação do consumidor, para que a empresa possa, de fato, manter o nível de vendas, ainda que os preços tenham sido ajustados. Caso contrário, essa estratégia pode falhar, comprometendo ainda mais o fluxo de caixa.

❖ *Status quo* – Trata-se de objetivos associados à estabilidade de preços com uma imagem pública favorável. Contudo, a preocupação em manter o *status quo* não pode impedir a empresa de inovar, pois o mercado é dinâmico. Logo, embora a estabilidade seja o foco, a estratégia de preços precisa considerar também a necessidade de inovação. A inovação não significa inovar o serviço em si, mas acompanhar as mudanças no mercado, seguir com melhorias na qualidade do atendimento, monitorar as estratégias modernas de marketing e considerar, na política de preços, os custos que todas essas variáveis envolvem.

❖ Qualidade do serviço – Uma organização pode ter como objetivo ser a líder de seu segmento em termos de qualidade. Nesse caso, o preço praticado acima da concorrência pode ter o efeito de sinalizar aos clientes que o produto é de qualidade superior. Caso a empresa de fato oferte uma qualidade superior, mas o nível de preços seja igual ou inferior à concorrência, certamente a margem de lucro estará comprometida. Contudo, praticar um preço superior não necessariamente convence o cliente acerca da qualidade. Essa comunicação precisa ser feita por meio do marketing e da excelência no atendimento e na execução do serviço, para que o consumidor possa compreender o valor do serviço que está sendo adquirido de fato.

É possível a empresa ter mais de um objetivo além dos aqui apresentados. Aliás, é fundamental que os objetivos de longo prazo – como lucro e retorno do investimento – sejam associados aos objetivos de curto prazo. Por isso, antes de seguir na elaboração dos preços, é mandatório que o gestor tenha claro quais objetivos nortearão a política de precificação. Ter essa definição é condição para que os preços praticados produzam resultados estratégicos, contribuindo para que a empresa se perpetue no mercado.

A seguir, analisaremos as demais etapas desse processo, a fim de clarificar como cada elemento compõe o preço final.

6.2 Avaliação do preço pelo público-alvo, determinação da demanda

Depois de desenvolver os objetivos de precificação, um passo essencial no processo de precificação é a avaliação do preço pelo público-alvo, pois sua importância varia de acordo com o serviço e com a situação de compra:

> A crescente importância do setor de serviços no contexto econômico mundial e a necessidade de conquistar clientes para garantir a sobrevivência no mercado demandam a identificação dos critérios segundo os quais os clientes avaliam a excelência do serviço. Dessa forma, o prestador de serviço pode priorizar seus esforços para atender aqueles atributos considerados mais importantes pelos clientes. (Tinoco; Ribeiro, 2008, p. 73)

Para Tinoco e Ribeiro (2008), o preço percebido pode ser definido como o julgamento dos consumidores quanto ao preço médio de um serviço em comparação ao da concorrência, ao passo que o preço de referência é aquele que os clientes esperam pagar. Se o preço real é menor que o de referência, ele é percebido como um bom valor econômico. Com ou sem propaganda, todas as pessoas têm em mente um preço de referência para o serviço, o qual elas acreditam ser o preço certo.

Por exemplo, os consumidores são mais sensíveis ao preço da gasolina do que ao de cosméticos. Isso ocorre porque a gasolina é um bem necessário para as atividades do dia a dia. No que diz respeito ao público-alvo, adultos, normalmente, pagam mais que crianças por produtos e serviços que incluem refeições, ingressos ao cinema, teatro, jogos de futebol etc.

A situação de compra também influencia a percepção do comprador quanto ao preço do serviço. A maioria dos frequentadores de um restaurante renomado em uma cidade turística não pagaria, em uma situação cotidiana, os preços praticados por esse estabelecimento ou pelos serviços prestados nessa cidade. Isso se dá em razão de as necessidades e expectativas dos clientes e, em consequência, a avaliação que eles fazem da qualidade do serviço, variarem conforme o motivo de utilização do serviço (Tinoco; Ribeiro, 2008).

Esses autores realizaram uma pesquisa a fim de identificar os principais determinantes da qualidade e do preço percebidos pelos clientes de restaurantes *à la carte*, considerando a opinião de diferentes grupos de clientes (casais sem filhos, grupos de amigos, família e executivos). Observou-se que cada grupo tem percepções diferentes, ou seja, o preço percebido de um mesmo serviço pode variar de acordo com as preferências do consumidor.

Todas essas informações são valiosas para determinar até que ponto a organização pode manter seus preços acima dos da concorrência.

No caso de oferta de um novo serviço, a implementação de preço costuma ser igualmente desafiadora, pois não se sabe ao certo como será a reação da demanda. Nesse caso, Lovelock, Wirtz e Hemzo (2011) sugerem, como estratégia, a aplicação de descontos nos preços de lançamento para estimular a experimentação e conquistar o cliente. A Azul Linhas Aéreas, por exemplo, quando começou a operar no Brasil, em 2009, chegou a oferecer em certos trechos passagens por valores até 36% mais baixos do que os cobrados pelas empresas de ônibus para os mesmos trajetos, além de proporcionar parcelamentos em até seis vezes (Lovelock; Wirtz; Hemzo, 2011).

Contudo, Basso et al. (2011) observam que o aumento e a diversidade das ofertas de serviços no mercado têm minorado as distinções entre elas. Em razão disso, as empresas utilizam a promoção de vendas na tentativa de diferenciar suas ofertas e captar novos clientes.

> No entanto, tais promoções parecem surtir efeito não só em indivíduos que ainda não são clientes, mas também em clientes atuais da empresa. Ao utilizarem descontos ou bonificações para atração dos clientes, essas promoções podem gerar uma percepção de injustiça nos consumidores atuais, que compraram o serviço a preços superiores ou sem bonificações. (Basso et al., 2011, p. 408)

Esse alerta demonstra que todo processo de precificação é único, que cada empresa tem sua cultura e seus clientes. Por isso, é importante dar voz ao público-alvo, pois conhecer a percepção do cliente é determinante para o êxito na precificação estratégica.

Reiteramos que estudar, analisar e testar o preço certo faz toda a diferença na aceitação do público, no lucro – ou prejuízo – que ele pode proporcionar e, consequentemente, no futuro da empresa. Daí a importância das pesquisas para testar a precificação perante o público consumidor. O empreendedor deve se munir de dados para tomar decisões mais acertadas e seguras.

Uma pesquisa de mercado é a melhor forma de obter dados sobre seus consumidores, concorrentes, ou qualquer setor da área de atuação. Pesquisas são uma forma direta de medir e avaliar diversos itens importantes para o negócio. Empresas de todos os segmentos e portes podem aplicar pesquisas, especialmente as quantitativas, para entrevistar seus públicos internos e externos. No âmbito de um processo de precificação, as pesquisas são ainda mais importantes, pois informações prévias sobre a aceitação do custo podem evitar fracassos, encalhe de produtos e, claro, todo tipo de prejuízo financeiro (Sebrae, 2019).

Especialmente antes de um reajuste, é fundamental medir o potencial de aceitação dessa ideia. Qualquer produto ou serviço precisa ser compreendido e aceito como uma possibilidade de compra. Nesse contexto, uma boa pesquisa deve apresentar a proposta do serviço, explicando suas características e propósitos. Com isso, é possível sugerir valores e descobrir se o consumidor está disposto a pagar por ele (Sebrae, 2019).

É claro que pode acontecer de alguns clientes ficarem descontentes diante de algum aumento no preço do serviço ao qual já está habituado a consumir. Como proceder, então, quando se torna necessário repassar o acréscimo de custo dos insumos? Nesse caso, o ideal é a empresa comunicar ao cliente o valor agregado do serviço que está sendo ofertado, explicando que o aumento dos preços está sendo praticado para que o serviço não tenha sua qualidade reduzida dada a elevação no custo dos insumos.

Certamente, o cliente compreenderá a política de preços, e isso precisa acontecer para que a precificação seja estratégica. Caso contrário, todo e qualquer aumento pode afugentar a demanda em vez de atraí-la. Para que tudo ocorra como esperado, é preciso reconhecer que fazer uma pesquisa deve servir para, inicialmente, conhecer melhor o cliente, suas percepções e, com base nisso, traçar as devidas estratégias.

Quanto maior for a empresa, mais integrados devem ser os setores na busca pela precificação de um preço justo que atenda às expectativas da demanda. Em sua pesquisa, Torres (2022) constatou que na montadora de automóveis Fiat, a área financeira se aprofunda na estrutura interna do produto, ao passo que a área de marketing tem uma visão focada na concorrência. Desse modo, todas as ações do mercado são percebidas pela área comercial e apresentadas para a de finanças com o objetivo de aprovação para transformação em incentivos às vendas.

Em suma, levar em conta a percepção dos clientes é diferente de implementar o menor preço possível a fim de agradá-los. Quando a empresa trabalha de forma integrada, o mérito está em conhecer a demanda, ajustar suas expectativas aos preços e, depois, comunicá-la sobre possíveis ajustes, argumentando acerca das variáveis que levaram a essa tomada de decisão.

Relacionar as expectativas dos clientes com os preços praticados pela concorrência e a margem de lucro que a empresa está habituada a trabalhar é, também, muito importante. Essas variáveis precisam estar em constante diálogo. A fim de esclarecermos como se dá a formação de preços com base na concorrência, na demanda, ou nos custos, a seguir, serão apresentadas as principais bases utilizadas na precificação estratégica.

6.3 SELEÇÃO DE UMA BASE PARA PRECIFICAÇÃO ESTRATÉGICA

Um preço alto pode reduzir a demanda por determinado serviço; porém, o preço baixo fere as margens de lucro e pode incutir no cliente a percepção de que o serviço é de baixa qualidade.

Diante dessa complexidade, as organizações devem sopesar muitos fatores diferentes ao estabelecer preços, incluindo custos, concorrência, comportamento do cliente e sensibilidade ao preço, capacidade de oferta, tempo estimado do serviço, entre outros.

Reconhecendo a dificuldade de operacionalizar todos esses itens no processo de precificação, Pride e Ferrell (2015) sugerem que o administrador selecione uma ou duas bases específicas para orientar a formação de preços, como custo, demanda ou concorrência.

O método de preço baseado nos **custos** do ofertante é estabelecido conforme o custeio de todo o processo envolvido para disponibilizar serviço ao consumidor. Na prática, após o levantamento dos custos, adiciona-se uma porcentagem tal para determinar o preço final. É um método direto e fácil de implementar; porém, é um tanto limitado por desconsiderar os aspectos econômicos da oferta e da demanda. Nesse sentido, o preço assume uma perspectiva voltada para dentro da empresa (Alves; Varotto; Gonçalves, 2016).

O método de preço pautado na **demanda** ou, dito de outro modo, nas expectativas do cliente, ocorre quando a empresa busca determinar um preço que maximize os ganhos em curto ou longo prazo, de acordo com seus objetivos. Então, os clientes pagam um preço mais alto em momentos em que a demanda pelo produto é mais forte, e preços mais baixos quando a demanda é fraca. Por exemplo: hotéis oferecem taxas reduzidas durante períodos de demanda baixa, quando têm excesso de capacidade sob a forma de quartos vazios.

A crença subjacente a isso é a de que é melhor ter uma margem de lucro menor do que nenhuma receita. Para usar essa base de precificação, o profissional tem de estimar a quantidade demandada em diferentes momentos e avaliar como a demanda será afetada por mudanças no preço, para então escolher o preço que gere a maior receita total no longo prazo. A precificação assume, dessa forma, uma perspectiva voltada para fora, tendo como ponto de partida os desejos e as necessidades dos consumidores.

Já o preço com base na **concorrência** ocorre, em linhas gerais, quando a organização considera os custos secundários se comparados aos preços dos concorrentes. Esse é um método comum entre prestadores de serviços relativamente homogêneos, particularmente quando o público-alvo considera o preço um componente importante da compra.

Um estudo realizado por Alves, Varotto e Gonçalves (2016) com 333 empresas evidencia que: a determinação de preços com base nas expectativas do cliente exige das organizações um profundo conhecimento dos desejos e necessidades dos consumidores; e a determinação de preços com base na concorrência requer que as empresas operem sobre forte desempenho operacional para cobrir as condições impostas pelos concorrentes em seu mercado.

Conhecer os preços dos concorrentes é essencial em todo negócio. Independentemente dos custos, a organização não pode trabalhar com preços extraordinariamente acima dos competidores. Por outro lado, também não convém estipular valores muito abaixo do mercado, pois os clientes podem pensar que o produto é de qualidade inferior (Pride; Ferrell, 2015).

Para fins de exemplificação, podemos considerar que companhias aéreas praticam preços baseados na demanda. Quando a demanda para um voo específico é maior, as tarifas são mais elevadas; quando é baixa, as tarifas são menores. Também o preço pode variar de acordo com o horário em que os consumidores realizam suas compras. Em horários de menor procura, como na madrugada, os preços tendem a baixar. Já em horário com alto volume de demanda, os preços tendem a subir.

Considerando a adoção de uma precificação estratégia, resta a seguinte dúvida: essas bases (custo, demanda e competição) são conflitantes? A resposta é: não. Uma base não necessariamente anula a outra. Ao contrário: pode-se escolher uma delas para orientar a tomada de decisão, deixando as outras duas para guiar possíveis adaptações em conformidade com o mercado.

Se uma empresa oferece, por exemplo, um tipo de serviço cuja demanda sofre certa sazonalidade, o ideal é pautar a formação de preço com base nesse fluxo, sem, contudo, deixar de analisar os custos e os valores ministrados pela concorrência. Na prática, uma base deve dar suporte para outra a fim de maximizar o preço de acordo com a realidade do mercado.

De modo geral, existe flexibilidade quando se adotam as bases de precificação. Kotler (1998) salienta que, em determinados momentos, uma empresa pode julgar interessante e desejável iniciar uma redução ou um aumento nos preços. Contudo, em ambos os casos, deve prever as possíveis reações tanto dos concorrentes quanto dos compradores.

Logo, a escolha de uma ou duas bases deve nortear as decisões da precificação, mas não pode ser excludente, dada a necessidade de se incorporar as demais variáveis inerentes ao processo de precificação.

Além disso, há profissionais que precisam estar atentos às orientações e critérios estabelecidos por seu respectivo conselho de classe profissional. Advogados, médicos, dentistas, entre outros, são filiados a conselhos que determinam um "piso" e um "teto" para seus honorários, ou seja, um valor mínimo e um valor máximo a depender da categoria e do serviço prestado. Em geral, essas determinações são previstas em lei e, caso o profissional as desrespeite, pode sofrer penalidades.

Eis o que o Conselho Federal de Contabilidade (Resolução do CFC 857/1999–NBC P 2) estabelece aos peritos contábeis para a formação de preços (Santos; Ducati; Bornia, 2008):

- ✧ Horas estimadas para a realização dos serviços – Requer um conhecimento pleno de todo o processo de execução, pois uma previsão subestimada compromete a remuneração, e uma superestimação onera, desnecessariamente, o cliente.
- ✧ Valor do objeto – Nesse caso, o preço do serviço pode sofrer influência da expressão monetária do objeto em exame. O risco financeiro deve ser proporcional ao valor do objeto.
- ✧ Benefício a ser gerado – Os resultados a serem atingidos por meio dos serviços devem ser apresentados analiticamente, com o propósito de evidenciar a responsabilidade do prestador do serviço.

- Qualificação do pessoal – Em geral, é preciso observar a experiência (assistente, pleno, ou sênior) e a formação acadêmica do profissional (graduado, especialista, mestre, ou doutor).
- Risco e complexidade – Diz respeito às particularidades de cada serviço. Por exemplo, o valor da hora de um profissional para atuar na área de planejamento tributário naturalmente é diferente do valor da hora por serviços de revisão de rotinas administrativas simples, sobretudo pelo grau de conhecimento acumulado requerido e pelos riscos financeiros.
- Prazo do recebimento – Deve ser aplicado em serviços que dependem de acontecimentos para gerar recursos, inclusive para pagamento do profissional que executou trabalho, como é o caso de perícias judiciais submetidas a julgamentos que podem se estender por anos.

Descrevemos alguns elementos a serem observados em uma consultoria empresarial na área contábil. Todavia, cada conselho profissional tem suas determinações específicas. Por exemplo: os advogados devem observar as orientações da Organização dos Advogados do Brasil (OAB); os economistas, do Conselho Federal/Estadual de Economia; os médicos, do Conselho Federal de Medicina.

Ter um conselho profissional que oriente não só a precificação, mas as demais diretrizes da profissão, tende a facilitar a tomada de decisão no que diz respeito à gestão e à organização. Na ausência de um conselho, o profissional deve estar ainda mais atento às variáveis de precificação, a fim de trabalhar com um preço justo, competitivo e que promova a lucratividade.

6.4 ESTRATÉGIA DE PRECIFICAÇÃO PARA IMPLEMENTAÇÃO DE UM NOVO SERVIÇO

As bases para a precificação estratégica que elencamos até aqui podem ser implementadas também para precificar um novo serviço a ser ofertado. Contudo, a extensão do uso de qualquer estratégia dependerá dos objetivos de precificação. Entre as principais estratégias, Santos, Ducati e Bornia (2008) destacam: apreçamento de desnatação; desnatação sequencial; apreçamento de penetração; apreçamento neutro; apreçamento baseado em valor; e, preço de referência ou comparação.

A estratégia pautada na desnatação tem como foco o alto preço inicial, e é utilizada quando se almeja alcançar resultados financeiros elevados em curto prazo. Isso é possível pelo princípio de ter o maior preço possível em cada segmento de mercado, iniciando com os segmentos mais elevados e descendo na cadeia, em um movimento já esperado pelo mercado consumidor (Indounas; Avlonitis, 2011).

Para que a estratégia de desnatação tenha êxito, é importante que os consumidores sejam insensíveis ao preço e estejam dispostos a pagar mais por algo novo. Também é determinante que a concorrência não esteja em condições de oferecer um serviço alternativo com menor preço – seja em razão de existirem patentes protegidas, seja por não dispor de tecnologia para lançar produto similar (Santos; Ducati; Bornia, 2008).

Nobre et al. (2016) recomendam a estratégia de desnatação para produtos inovadores e de alta qualidade, pressupondo que a empresa prestadora transmite sua imagem de prestígio ao serviço, gerando uma rápida margem de contribuição em um período curto de recuperação do investimento. Pelo aspecto inovador, a entrada de novos concorrentes rapidamente é inibida, garantindo vantagem competitiva sustentável.

Já a desnatação sequencial é adotada quando determinada faixa de clientes (nata superior) já se encontrara atendida. Segundo Santos, Ducati e Bornia (2008), nessa estratégia, a empresa passa a buscar clientes da camada imediatamente inferior em termos de poder de compra, e assim prossegue até onde for conveniente no processo de desnatação de vários níveis.

A estratégia de apreçamento por penetração compreende a prática de preços baixos em relação ao valor percebido para atrair clientes. É indicada para empresas entrantes no mercado que oferecem serviços não diferenciados e focam em um público consumidor já existente, almejando vendas em alta escala como forma de obter melhores resultados.

Contudo, diante da existência de serviços similares, para que a estratégia de penetração seja eficiente, é preciso que os clientes-alvo estejam dispostos a mudar de fornecedor caso percebam diferencial na novidade. É necessário compreender a capacidade de colocação de novo volume de vendas para compensar margens perdidas e tomar as devidas precauções de modo a não gerar uma guerra de preços (Santos; Ducati; Bornia, 2008).

A estratégia de penetração permite às empresas reduzirem o custo unitário pela produção em escala. Na situação de preço baixo, as organizações oferecem preços abaixo da concorrência, procurando eficiência operacional, redução dos custos e de despesas gerais (Nobre et al., 2016). Contudo, a precificação de penetração funcionará apenas se uma grande parcela do mercado estiver disposta a experimentar o novo serviço ou a mudar de fornecedor em resposta a preços menores (Nagle; Hogan, 2007).

Agências de turismo que vendem pacotes com voos fretados incluindo hospedagem, traslado e passeios utilizam muitas vezes da estratégia de penetração. Elas vendem os pacotes com grande desconto a um público que não se importa com a inflexibilidade da programação. Empresas de telefonia e internet também usam essa técnica quando querem obter maior fatia de determinado mercado. É comum oferecerem pacotes com valores inferiores ao mercado a fim de atrair clientes e, com o tempo, passam a ministrar preços mais competitivos.

O apreçamento neutro é o nome dado à ausência de estratégia de preços como arma de marketing. Nesses casos, geralmente a empresa não consegue praticar a desnatação em virtude da dificuldade dos clientes em perceber o valor ou a qualidade do serviço. Outro problema é a alta probabilidade de os concorrentes reagirem com preços ainda mais baixos para anularem a estratégia de penetração (Santos; Ducati; Bornia, 2008).

Ainda sobre os diferentes métodos de precificação, Santos, Ducati e Bornia (2008) mencionam o **apreçamento baseado em valor** como a estratégia mais indicada para uma trajetória de sucesso. Esse é o caminho recomendável quando se pretende educar o comprador sobre o valor agregado no serviço, explicitando sua diferenciação e principais características.

Por fim, uma estratégia bastante utilizada é o preço de referência ou comparação, também denominada de *preço competitivo*; essa abordagem caracteriza-se por um preço de entrada baseado no preço praticado pelos concorrentes. Essa estratégia é característica de mercados muito concorridos e com pouca diferenciação entre os serviços oferecidos ao consumidor, e se estabelece com base na percepção que os gestores têm sobre o mercado competidor, considerando tanto os concorrentes diretos quanto os serviços substitutos (Indounas; Avlonitis, 2011).

Larentis et al. (2013), ao pesquisarem as diferentes estratégias, demonstram que as empresas que praticam um preço superior ao de seus concorrentes tendem a obter maior rentabilidade, o que se deve à entrega de valor superior ao cliente. As evidências empíricas arroladas pelos autores revelam que ter um preço competitivo pode, às vezes, render vantagens perante os competidores. No entanto, o propósito da precificação não é fazer as empresas praticarem preços inferiores aos adotados pelos concorrentes, mas maximizar o nível de satisfação dos clientes, sua participação de mercado, seu lucro e rentabilidade.

Em um estudo realizado por Nobre et al. (2016), os autores analisaram empresas prestadoras de serviços das cidades de Mossoró (RN), Fortaleza (CE) e Campina Grande (PB). Os pesquisadores investigaram as condições que levaram à adoção de três novas estratégias de precificação de serviços: desnatação, penetração e preço competitivo em pequenas e médias empresas prestadoras de serviços. A pesquisa demonstrou que as pequenas empresas tendem a adotar a estratégia de desnatação, que oferece ganhos financeiros mais imediatos. Essa estratégia, no entanto, requer um serviço personalizado, de forma que o cliente se sinta motivado a pagar um preço elevado por um serviço diferenciado. Já as médias empresas parecem adotar uma política de preços mais competitiva, de forma a aumentar a participação no mercado e consolidar-se em médio e longo prazo.

Em suma, para que a empresa obtenha êxito, é importante associar a estratégia aos objetivos da precificação. Adotar certa estratégia em um momento pontual não significa que a empresa precisará seguir perpetuamente com tal proposta – até mesmo porque o mercado é dinâmico. Dessa maneira, o mais importante é identificar onde a empresa se insere no mercado, conhecer em profundidade o serviço que está sendo ofertado, os consumidores e a concorrência. Afinal, um dos principais objetivos da precificação estratégica no longo prazo deve ser a lucratividade, conforme comentaremos a seguir.

6.5 Precificação estratégica e lucratividade

O preço é um dos aspectos determinantes para a escolha de produtos e serviços pelos compradores. Fatores como desenvolvimento tecnológico e globalização da economia fizeram o preço ganhar importância, pois é um dos elementos-chave para alcançar o volume de vendas desejado e impactar nos lucros e na rentabilidade das empresas. Além disso, as estratégias de precificação são fundamentais para a consolidação de um posicionamento de mercado adequado (Milan et al., 2016).

Nesse aspecto, Nagle e Hogan (2003, p. 158) relatam que muitas empresas falham em encontrar segmentos lucrativos para focar porque não usam critérios adequados de seleção: "elas almejam o maior segmento, ou aquele que cresce mais rápido, em vez de segmentos que poderiam atender com alguma vantagem competitiva. Como resultado, muitas empresas crescem sem lucro".

Conforme temos reportado, a competência na formação de preços é um dos fatores primordiais para o sucesso empresarial. Nesse sentido, Larentis et al. (2013) concluem que um bom sistema de informação adaptado às características do serviço e do mercado é um recurso valioso para auxiliar na gestão estratégica do preço.

Larentis et al. (2013) destacam que a formação de preços baseada unicamente como o resultado da soma dos custos, do lucro e de outras despesas deve dar lugar a uma visão mais baseada no mercado. Nessa perspectiva, o lucro deve ser o resultado de um preço adequado às características do mercado e ao comportamento dos compradores, subtraídos os custos incorridos e as despesas (Larentis et al., 2013).

Se os objetivos de preço fornecem direcionadores para as ações, as estratégias de precificação constituem passos ou procedimentos pelos quais as organizações atingem suas decisões de precificação, sendo a forma como as empresas formam o preço-alvo (Nobre et al., 2016).

Ao longo do tempo, o objetivo de preços pode variar conforme o serviço comercializado, mesmo dentro de uma empresa ou unidade de negócios, em âmbitos regional, nacional ou internacional, se for o caso. Milan et al. (2016, p. 424) ressaltam:

> Embora os objetivos de preço se configurem como um processo prévio para se determinar uma estratégia de preço, a qual será uma base para decisões lucrativas e rentáveis a médio e a longo prazo, as estratégias de preço são sempre específicas ao contexto em análise e, deste modo, os gestores podem ser forçados a modificá-las, ou seja, dependem das condições do mercado, do comportamento de compradores e competidores e dos objetivos de marketing da empresa.

Apesar de desafiador, adotar uma política composta de objetivos e estratégia de preço é crucial. As empresas que não gerenciam seus preços por meio de uma política específica certamente perdem o controle sobre eles. Esse é um risco considerável, com consequências sobre as vendas, podendo levar à corrosão do lucro. Por isso, os preços devem ser utilizados de forma estratégica para estabelecer um posicionamento e conquistar fatias de mercado.

O aumento da oferta entre competidores qualificados faz o preço representar um dos elementos mais importantes para a sustentabilidade de uma empresa a curto, médio e longo prazos. Logo, o mercado requer, cada vez mais, empresas competitivas, com políticas e estratégias de preços eficientes, exigindo planejamento e gerenciamento adequados para operar com altos custos e riscos inerentes ao processo de comercialização em escala global (Milan et al., 2016).

> As empresas trabalham no sentido de reduzir e, se possível, eliminar custos, enquanto que o aumento de 1% nos preços de venda pode trazer resultados expressivos, desde que se partindo do pressuposto de que este aumento não afetará o volume de vendas, assim como o contrário também é verdadeiro, pois qualquer oscilação nas vendas pode afetar a lucratividade e a rentabilidade das empresas, fazendo dos preços uma decisão crítica. (Milan et al., 2016, p. 428)

O apreçamento estratégico é, portanto, a interface entre marketing e finanças. Ele envolve o alcance de um equilíbrio entre o desejo do cliente em obter um bom valor e a necessidade da empresa de cobrir seus custos e obter lucro (Nagle; Hogan, 2007).

A determinação de preços que define a maximização de lucro requer uma combinação de rigor analítico e julgamento gerencial para contemplar a relação entre preços, custos e resposta do consumidor, conforme esquematizado na Figura 6.1.

Figura 6.1 – Apreçamento estratégico

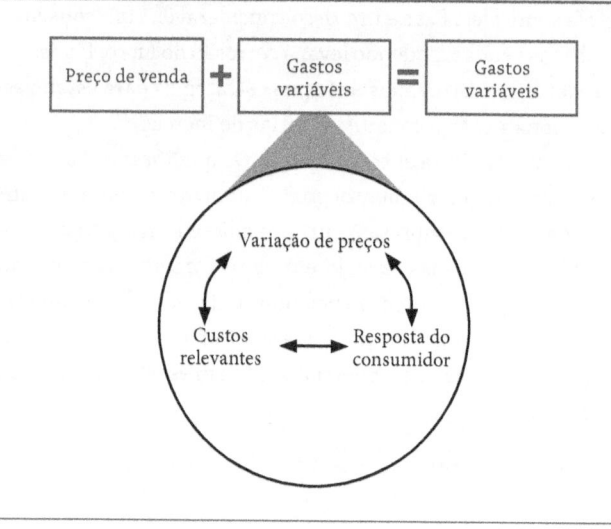

| Preço de venda | + | Gastos variáveis | = | Gastos variáveis |

Variação de preços

Custos relevantes ↔ Resposta do consumidor

Fonte: Nagle; Hogan, 2007.

Rocha Jr. (2012) buscou identificar os resultados econômicos e financeiros esperados com a utilização da precificação baseada em custos e da precificação estratégica na formação de preços de serviços. O autor concluiu que a precificação estratégica apresenta melhores resultados em todas as situações devido ao fato de os preços estratégicos agregarem valores estimados em diferenciais competitivos diante da concorrência.

Em suma, não há uma fórmula mágica para precificação. Há muitos caminhos que orientam a formação de objetivos e estratégias. Dependendo dos objetivos, o gestor pode traçar diferentes estratégias, considerando, por exemplo, o impacto de um preço mais alto para expandir a margem de lucro, ou de um preço mais baixo para ampliar o número de vendas e, desse modo, melhorar sua participação no mercado.

Contudo, o sucesso da precificação depende da disciplina do gestor em dar segmento às estratégias alinhadas de acordo com seus respectivos objetivos. A esse respeito, Nagle e Hogan (2003) chamam atenção para uma diferença entre problemas de apreçamento e problemas com o preço em si:

- ❖ Se as métricas de preços não rastreiam o valor do serviço ofertado, boa parte dos clientes fará objeção, recusando-se a pagar o preço cobrado.
- ❖ Se os clientes da empresa estão habituados a pedir descontos, retardando suas compras até que o preço caia, o problema não está, necessariamente, no nível dos preços, pois em vez de usar a prática de calcular descontos, a empresa precisa reestabelecer a integridade dos preços, alcançando aqueles clientes que não fazem objeção aos valores cobrados.

Quando os clientes não estão dispostos a pagar o preço, é preciso avaliar a política da concorrência; se o preço for justo, será preciso desenvolver estratégias para esclarecer ao cliente o valor atribuído ao serviço.

Os problemas descritos reiteram que pode haver divergências entre um preço estabelecido e a forma como o cliente percebe esse preço. É evidente que a empresa precisa ter flexibilidade no que se refere à demanda e às demais variáveis no mercado. Contudo, as estratégias de precificação não podem mudar com frequência ou a cada obstáculo que surja, pois, na maioria das vezes, o problema não está no preço em si, mas na forma como a empresa comunica esse preço.

A resposta para as muitas dúvidas que emergem em meio ao estabelecimento de preços somente se desvela no longo prazo, com a lucratividade. Se a empresa já está há um algum tempo com as mesmas estratégias, e a resposta não está sendo positiva, então é preciso reavaliar. Se, gradativamente, a margem de lucro cresce em uma linha ascendente, isso sugere que as estratégias estão surtindo efeito positivo, pois estão alinhadas aos objetivos da empresa.

Síntese

Ao longo deste capítulo apresentamos o passo a passo do processo de precificação, abordando algumas estratégias e técnicas que orientam a formação de preços. No que diz respeito aos objetivos da precificação, informamos que um empreendimento pode estabelecê-los para o curto e longo prazo, considerando: a sobrevivência; o lucro e o retorno sobre o investimento; a participação de mercado; o fluxo de caixa; o *status quo*; e a qualidade do serviço.

Entre algumas técnicas fundamentais nesse processo, mencionamos a realização de pesquisas de mercado, que permite à empresa conhecer a opinião do público consumidor sobre o serviço e sobre o preço aplicado. Além dessa técnica, a formação de preços deve ser orientada por diferentes tipos de base, que podem ser: de custo, quando determinada quantia ou porcentagem é adicionada ao custo do produto; de demanda, quando os preços oscilam em resposta ao consumo; ou de competição, quando adotado como princípio o preço da concorrência. Reforçamos que a adoção de uma base não anula a outra, sendo possível combiná-las na política de preços.

Caso se trate de um novo serviço, vale considerar todas as orientações do processo de precificação, acrescentando algumas estratégias como: desnatação, desnatação sequencial, penetração, apreçamento neutro, apreçamento baseado em valor e preços competitivos.

Por fim, ressaltamos que todas essas estratégias devem ser associadas, no longo prazo, à busca pelo lucro e pela sustentabilidade da empresa. Certamente, precificar serviços é um grande desafio, o que justifica a necessidade de se buscar continuamente uma visão holística sobre o mercado, considerando as variáveis que o impactam direta e indiretamente.

Considerações finais

Na apresentação deste livro, propositalmente, lançamos algumas questões com a finalidade de instigar a leitura e de problematizar o desafio da precificação. Como estabelecer uma política de preços na prestação de serviços em meio a uma concorrência global? Como otimizar a precificação estratégica para atrair clientes? É possível considerar os custos fixos e variáveis e formar um preço competitivo, somente recorrendo à análise de planilhas?

Na precificação estratégica, como demonstramos ao longo desta obra, não é conveniente se limitar aos custos fixos e variáveis se o propósito for se destacar da concorrência. O preço é um grande aliado para atrair os clientes certos, desde que as estratégias estejam alinhadas aos objetivos da empresa. Essas e outras respostas foram apresentadas no decorrer deste livro.

Dada a importância que o setor de serviços exerce nesta era da informação – em que a concorrência é global e envolve muitos competidores –, elencamos aqui diferentes ferramentas para tornar o negócio mais competitivo, sem perder o foco no cliente e na qualidade do serviço prestado. Reforçamos que considerar o papel da gestão nesse processo, com ênfase no planejamento, nos processos, nas pessoas e nos projetos, é condição fundamental para alcançar o sucesso diante dos inúmeros desafios impostos pelo mercado.

Está claro, pode ser extremamente difícil obter, no longo prazo, o maior lucro possível a fim de perpetuar os negócios de modo autossustentado. Ao reconhecer essa dificuldade, a precificação estratégica deve ser empregada como ferramenta associada às decisões inter-relacionadas de marketing, competitividade e finanças. Tudo isso, claro, levando em consideração as variáveis econômicas, pois, em maior ou menor grau, a taxa de juros, a inflação, o câmbio e outros aspectos impactam o nível de preços.

Após a imersão em cada uma das variáveis que perpassam a precificação, unimos as peças desse quebra-cabeça, dando forma ao que chamamos aqui de *precificação estratégica*. Voltamo-nos, então, para a necessidade de realizar o passo a passo do processo de precificação, apresentando algumas estratégias e técnicas que orientam a formação de preços; nisso, enfatizamos que as etapas precisam ser flexíveis e adaptáveis à realidade de cada empresa. Logo, o intuito foi estabelecer um norte acerca das decisões que perpassam a precificação estratégica como processo. Empregamos o termo *processo*, porque envolve diferentes etapas e a dinamicidade do mercado em si. Portanto, é preciso, primeiramente, desenvolver os objetivos da precificação; na sequência, analisar a avaliação do preço pelo público-alvo; determinar a demanda; analisar as relações entre demanda, curso e lucro; estudar a política de preços da concorrência; escolher uma base para precificação; selecionar uma estratégia; e, então, determinar o preço final.

Em suma, conforme anunciamos já na apresentação deste escrito, precificar não se restringe a somar os custos e adicionar uma margem de lucro; é também agregar valor ao serviço, destacar-se em meio à concorrência e surpreender clientes. Reiteramos, preço é o que os clientes pagam pelo serviço prestado, e valor é aquilo que eles levam.

Por isso, ousamos afirmar que precificar não é uma tarefa tão técnica quanto muitos pensam. Precificar envolve gestão, coordenação de ideias e planejamentos que devem estar alinhados à missão, à visão e aos valores da empresa. Saber em que ponto a empresa está e aonde ela deseja chegar é condição básica para definir os objetivos da precificação e, desse modo, tornar o preço um grande aliado.

Demonstramos aqui que, devido a sua complexidade, o sucesso de precificação depende do bom desempenho da gestão em cada etapa. Por isso, a precificação estratégica assume a condição de processo, visto que precificar não é apenas reduzir custos, mas compreender as formas de agregar valor ao serviço prestado. Essa é a dinâmica que perpassa as entrelinhas das ideias que aqui expusemos, a fim de delinear o fio condutor que deverá nortear cada etapa da precificação.

Lista de siglas

ABC – Custeio baseado em atividades (método)
Anbid – Associação Nacional dos Bancos de Investimentos (taxa)
Bacen – Banco Central
BNDES – Banco Nacional de Desenvolvimento Econômico e Social
Cade – Conselho Administrativo de Defesa Econômica
Cofins – Contribuição para o Financiamento da Seguridade Social
Copom – Comitê de Política Monetária
CSLL – Contribuição Social sobre o Lucro Líquido
Dieese – Departamento Intersindical de Estatística e Estudos Socioeconômicos
DRE – Demonstração do Resultado do Exercício
EPD – Elasticidade-preço da demanda
FGV – Fundação Getúlio Vargas
Fipe – Fundação Instituto de Pesquisas Econômicas
GEM – Global Entrepreneurship Monitor
IBGE – Instituto Brasileiro de Geografia e Estatística
IBPQ – Instituto Brasileiro de Qualidade e Produtividade
ICMS – Imposto sobre Circulação de Mercadorias e Serviços
ICV – Índice de Custo de Vida
IGP – Índice Geral de Preços
INPC – Índice Nacional de Preços do Consumidor
INSS – Instituto Nacional do Seguro Social
IPCA – Índice de Preços ao Consumidor
Ipea – Instituto de Pesquisa Econômica Aplicada
IPI – Imposto sobre Produtos Industrializados
IPTU – Imposto Predial e Territorial Urbano
IPVA – Imposto sobre a Propriedade de Veículos Automotores

IR – Imposto de Renda
IRPJ – Imposto sobre a Renda das Pessoas Jurídicas
IRRF – Imposto de Renda Retido na Fonte
ISS – Imposto Sobre Serviços
Munic – Pesquisa de Informações Básicas Municipais
OAB – Organização dos Advogados do Brasil
OMC – Organização Mundial do Comércio
PAS – Pesquisa Anual de Serviços
PEA – População economicamente ativa
PIA – População em idade ativa
PIB – Produto Interno Bruto
PIS – Programa de Integração Social
PME – Pesquisa Mensal de Empregos
Pnad – Pesquisa Nacional por Amostra de Domicílios
POF – Pesquisa de Orçamento Familiar
Sebrae – Serviço Brasileiro de Apoio às Micro e Pequenas Empresas
Selic – Sistema Especial de Liquidação e de Custódia
SEN – Sistema Estatístico Nacional
Sobratt – Sociedade Brasileira de Teletrabalho e Teleatividades
TBAN – Taxa de Assistência do Banco Central
TBC – Taxa Básica do Banco Central
TBF – Taxa Básica Financeira
TICs – Tecnologias da Informação e Comunicação
TJLP – Taxa de Juros de Longo Prazo
TR – Taxa Referencial
UEP – unidades de esforço e produção (método)

Referências

ABEL, A. B.; BERNAKE, B. S.; CROUSHORE, D. **Macroeconomia**. 6. ed. São Paulo: Pearson, 2008.

ALVES, C. A.; VAROTTO, L. F.; GONÇALVES, M. N. A relação entre as capacidades de precificação e o desempenho varejista. **Revista Eletrônica de Estratégias e Negócios**, Florianópolis, v. 9, n. 1, p. 232-264, jan./abr. 2016. Disponível em: <https://portaldeperiodicos.animaeducacao.com.br/index.php/EeN/article/view/3434/2605>. Acesso em: 11 nov. 2022.

ASSAF NETO, A. **Mercado financeiro**. 12. ed. São Paulo: Atlas, 2014.

ASSEF, R. **Guia prático de formação de preços**: aspectos mercadológico, tributários e financeiros para pequenas e médias empresas. 4. ed. Rio de Janeiro: Elsevier, 2010.

BACEN – Banco Central do Brasil. Disponível em: <https://www.bcb.gov.br/>. Acesso em: 17 jan. 2022.

BANOV, M. R. **Comportamento do consumidor**: vencendo desafios. São Paulo: Cengage Learning, 2017.

BASSO, K. et al. Preços mais baixos para novos clientes: consequências da percepção de injustiça de preço nos clientes atuais. Revista de Administração, São Paulo, v. 46, n. 4, p. 407-422, out./dez. 2011. Disponível em: <https://www.scielo.br/j/rausp/a/mXHQ3Kx6wgtr9LhrJJkLmHS/?format=pdf&lang=pt>. Acesso em: 11 nov. 2022.

BRAGA, M. B. **Princípios de economia**: abordagem didática e multidisciplinar. São Paulo: Atlas, 2019.

BRAGA, R. M. M. **Gestão da gastronomia**: custos, formação de preços, gerenciamento e planejamento do lucro. São Paulo: SENAC/SP, 2008.

BRASIL. Ministério da Economia. **Classificação dos setores de serviços**, 25 jun. 2020. Disponível em: <https://www.gov.br/produtividade-e-comercio-exterior/pt-br/assuntos/comercio-exterior/negociacoes-internacionaiss/negociacoes-internacionais-de-servicos/ni-classificacao-dos-setores-de-servicos>. Acesso em: 8 nov. 2022.

CABELLO, A. F.; SILVA, J. A. Custos invisíveis: conflitos de interesses e o não registro de juros, multas e atualizações monetárias – o caso da Universidade de Brasília. Revista Serviço Público, Brasília, v. 68, n. 1, p. 213-246, jan./mar. 2017. Disponível em: <https://repositorio.enap.gov.br/jspui/bitstream/1/2956/1/RSP%20V.68%20N.1_artigo%20de%20213-246.pdf>. Acesso em: 8 nov. 2022.

CADE – Conselho Administrativo de Defesa Econômica. **Competências**. Disponível em: <https://www.gov.br/cade/pt-br/acesso-a-informacao/institucional/competencias#:~:text=Educativa%3A%20instruir%20o%20p%C3%BAblico%20em,ou%20apoiar%20cursos%2C%20palestras%2C%20semin%C3%A1rios>. Acesso em: 9 nov. 2022.

CARLA, J. O que é inadimplência e como ela afeta a sua vida? 2020. **Serasa**. Disponível em: <www.serasaconsumidor.com.br/ensina/seu-nome-limpo/o-que-e-inadimplencia/?gclid=CjwKCAiA44LzBRB-EiwA-jJipEbPQmxqZ7dsYsKfHQEPAGQVPQHLFryvemmoNG4EbnBWMA9IRKOdixoC6roQAvD_BwE>. Acesso em: 9 nov. 2022.

COLLATTO, D. C.; REGINATO, L. Método de custeio variável, custeio direto e teoria das restrições no contexto da gestão estratégica de custos: um estudo aplicado ao Instituto de Idiomas Unilinguas. In: CONGRESSO INTERNACIONAL DE CUSTOS, 9., Florianópolis, 2005. **Anais...** Disponível em: <anaiscbc.emnuvens.com.br/anais/article/view/2127/2127>. Acesso em: 10 nov. 2022.

COLOMBO, F.; AULER, S. M. Estudo dos métodos de custeio direto e pleno na apuração dos resultados dos cursos regulares de uma instituição de ensino superior. **Destaques Acadêmicos**, v. 1, n. 1, p. 49-59, 2009. Disponível em: <http://www.univates.br/revistas/index.php/destaques/article/view/7/5>. Acesso em: 10 nov. 2022.

CORRÊA, B. H. R.; COSTA, S. T. da S. **A importância do bom atendimento ao cliente**: o diferencial competitivo para as organizações. 2019. Disponível em: <http://repositorio.fucamp.com.br/bitstream/FUCAMP/468/1/Importanciabomatendimento.pdf>. Acesso em: 10 nov. 2022.

CRESOL. **A importância do plano de relacionamento com clientes para micro e pequenas empresas**. 2020. Disponível em: <https://blog.cresol.com.br/importancia-do-plano-de-relacionamento-com-clientes/>. Acesso em: 29 set. 2022.

CRUZ, J. A. W. et al. **Formação de preços**: mercado e estrutura de custos. Curitiba: InterSaberes, 2012.

CRUZ, J. A. W. **Gestão de custos:** perspectivas e funcionalidades. Curitiba: InterSaberes, 2012.

DELLA ROSA, F. O setor de serviços e a produtividade no Brasil. **Cofecon**, 4 fev. 2020. Disponível em: <https://www.cofecon.org.br/2020/02/04/artigo-o-setor-de-servicos-e-a-produtividade-no-brasil/>. Acesso em: 7 nov. 2022.

FERREIRA, A. V. S. Elementos de articulação: missão, visão, valores e a identidade organizacional. **Revista Eduicep**, v. 1, n. 1, p. 36-52, 2016. Disponível em: <https://www.icepsc.com.br/ojs/index.php/eduicep/article/view/129/68>. Acesso em: 11 nov. 2022.

FGV – Fundação Getúlio Vargas. **Controle de gastos:** investimento, despesa e custo, você sabe a diferença? 2017. Disponível em: <seculoxximinas.com.br/fgv/blog/planejamento/controle-de-gastos-investimento-despesa-e-custo-voce-sabe-a-diferenca>. Acesso em: 10 nov. 2022.

GASSENFERTH, W. et al. **Gestão de negócios e sustentabilidade:** textos selecionados. Rio de Janeiro: Brasport, 2015.

GOULART, A. M. C. Custo de oportunidade: oculto na contabilidade, nebuloso na mente dos contadores. **Revista Contabilidade e Finanças**, São Paulo, n. 30, p. 19-31, set./dez. 2002. Disponível em: <https://www.scielo.br/j/rcf/a/tNyz548MfGLyZgB86n7QdgR/?format=pdf&lang=pt>. Acesso em: 8 nov. 2022.

GREMAUD, A. P.; VASCONCELLOS, M. A. S.; TONETO JR., R. **Economia brasileira contemporânea**. 7. ed. São Paulo: Atlas, 2011.

HAFFNER, J. A. H. **Microeconomia**. Curitiba: InterSaberes, 2013.

IBGE – Instituto Brasileiro de Geografia e Estatística. **Indicadores IBGE**: contas nacionais trimestrais. 2020. Disponível em: <https://biblioteca.ibge.gov.br/index.php/biblioteca-catalogo?view=detalhes&id=72121>. Acesso em: 8 nov. 2022.

IBGE – Instituto Brasileiro de Geografia e Estatística. **Desemprego**. 2021. Disponível em: <https://www.ibge.gov.br/explica/desemprego.php>. Acesso em: 15 jan. 2022.

IBGE – Instituto Brasileiro de Geografia e Estatística. **Pesquisa Anual de Serviços 2019**. Disponível em: <https://biblioteca.ibge.gov.br/visualizacao/periodicos/150/pas_2019_v21_informativo.pdf>. Acesso em: 8 nov. 2022.

IBGE – Instituto Brasileiro de Geografia e Estatística. **Pesquisa Anual de Serviços 2017**. Disponível em: <https://biblioteca.ibge.gov.br/visualizacao/periodicos/150/pas_2017_v19_informativo.pdf>. Acesso em: 11 nov. 2022.

IBGE – Instituto Brasileiro de Geografia e Estatística. **Respondendo ao IBGE**. 2022b. Disponível em: <https://respondendo.ibge.gov.br/voce-foi-procurado-pelo-ibge/pesquisas/pesquisas-por-empresas-estabelecimentos-e-entidades/pesquisa-anual-de-servicos-pas.html>. Acesso em: 29 set. 2022.

INDOUNAS, K.; AVLONITIS, G. New industrial service pricing strategies and their antecedents: empirical evidence from two industrial sectors. **Journal of Business & Industrial Marketing**, v. 26, n. 1, p. 26-33, 31 January 2011.

IPEADATA – INSTITUTO DE PESQUISA ECONÔMICA APLICADA. Disponível em: <http://www.ipeadata.gov.br/Default.aspx>. Acesso em: 30 dez. 2021.

JOHNSON, G.; SCHOLES, K.; WHITTINGTON, R. **Explorando a estratégia corporativa**. 7. ed. Porto Alegre: Bookman, 2007.

JUNG, P.; DALL'AGNOL, R. Formação de preços em hotelaria: um estudo de caso. **Revista Turismo – Visão e Ação**, v. 18, n. 1, p. 106-116, jan./abr. 2016. Disponível em: <https://periodicos.univali.br/index.php/rtva/article/view/8599>. Acesso em: 8 nov. 2022.

KERR, R. **Mercado financeiro e de capitais**. São Paulo: Pearson, 2011.

KEYNES, J. M. **Teoria geral do emprego, do juro e da moeda**. São Paulo: Nova Cultural, 1985.

KONKEL, C. L. O impacto dos tributos na formação de preços. **Revista Maiêutica**, Indaial, v. 2, n. 1, p. 13-23, 2016. Disponível em: <https://core.ac.uk/download/228913960.pdf>. Acesso em: 10 nov. 2022.

KOTLER, P. **Administração de marketing**. 5. ed. São Paulo: Atlas, 1998.

KOTLER, P.; KELLER, K. L. **Administração de marketing**. 12. ed. São Paulo: Pearson Prentice Hall, 2006.

LARENTIS, F. et al. Formação e estratégias de preços: um estudo quantitativo-descritivo sobre as práticas de empresas da Serra Gaúcha. **Análise**, Porto Alegre, v. 24, n. 1, p. 28-41, jan./abr. 2013. Disponível em: <https://revistaseletronicas.pucrs.br/ojs/index.php/face/article/view/13197>. Acesso em: 29 set. 2022.

LOVELOCK, C.; WIRTZ, J.; HEMZO, M. A. **Marketing de serviços**: pessoas, tecnologia e estratégias. 7. ed. São Paulo: Pearson Prentice Hall, 2011.

MACHADO, M. A. V.; MACHADO, M. R.; HOLANDA, F. M. de A. Análise do processo de formação de preços do setor hoteleiro da cidade de João Pessoa/Paraíba: um estudo exploratório. **Observatório de Inovação do Turismo**, v. 1, n. 3, p. 1-16, dez. 2006. Disponível em: <http://publicacoes.unigranrio.edu.br/index.php/raoit/article/view/3632/1759>. Acesso em: 8 nov. 2022.

MAXIMIANO, A. C. A. **Administração para empreendedores**: fundamentos da criação e da gestão de novos negócios. 2. ed. São Paulo: Pearson Prentice Hall, 2010.

MEGLIORINI, E. **Custos**: análise e gestão. 3. ed. São Paulo: Pearson Prentice Hall, 2012.

MEIRELLES, D. S. **Serviços**: características e organização de mercado. Disponível em: <https://www.pucsp.br/sites/default/files/download/eitt/artdimaria.pdf>. Acesso em: 8 nov. 2022.

MILAN, G. S. et al. As estratégias de precificação e o desempenho das empresas. **Revista Eletrônica de Administração**, Porto Alegre, v. 22, n. 2, p. 419-452, maio/ago. 2016. Disponível em: <https://www.scielo.br/j/read/a/yLPZMqJwFJMR7PfLjYZKk5t/?format=pdf&lang=pt>. Acesso em: 11 nov. 2022.

NAKAGAWA, M. **Ferramenta**: análise Swot (clássico). 2021. Disponível em: <https://www.sebrae.com.br/Sebrae/Portal%20Sebrae/Anexos/ME_Analise-Swot.PDF>. Acesso em: 11 nov. 2022.

NASCIMENTO, A. M.; SOUZA, M. A. Custos de oportunidade: evolução e mensuração. In: CONGRESSO BRASILEIRO DE CUSTOS, 10., Guarapari, ES, 2003. **Anais**... Disponível em: <https://anaiscbc.emnuvens.com.br/anais/article/view/2600/2600>. Acesso em: 8 nov. 2022.

NASCIMENTO, S. do; GALLON, A. V.; BEUREN, I. M. Formação de preços em empresa de transporte rodoviário de cargas. **Pensar Contábil**, Rio de Janeiro, v. 11, n. 46, p. 20-28, out./dez. 2009. Disponível em: <http://www.atena.org.br/revista/ojs-2.2.3-06/index.php/pensarcontabil/article/viewFile/367/352>. Acesso em: 9 nov. 2022.

NAGLE, T. T.; HOGAN, J. **Estratégia e táticas de preço**: um guia para crescer com lucratividade. 4. ed. São Paulo: Pearson Universidades, 2007.

NEGRI, J. A.; LEMOS, M. B. **Nota técnica**: avaliação das políticas de incentivo à P&D e inovação tecnológica no Brasil. Brasília: Ipea, 2009. Disponível em: <http://repositorio.ipea.gov.br/bitstream/11058/5822/1/NT_n02_Avaliacao-politicas-incentivo_Diset_2009-jul.pdf>. Acesso em: 10 nov. 2022.

NOBRE, L. H. N. et al. Estratégias de precificação de novos serviços em pequenas e médias empresas. **Revista Eletrônica de Estratégia e Negócios**, Florianópolis, v. 9, n. 3, p. 3-20, set./dez. 2016. Disponível em: <https://portaldeperiodicos.animaeducacao.com.br/index.php/EeN/article/view/2863>. Acesso em: 11 nov. 2022.

PEREIRA, M. de L. **Gestão de custos e preços**. Curitiba: InterSaberes, 2021.

PESQUISA Home Office 2020. SAP, dez. 2020. Disponível em: <https://sapconsultoria.com.br/wp-content/uploads/2020/12/pesquisahomeoffice2020.pdf>. Acesso em: 8 nov. 2022.

PINDYCK, R. S.; RUBINFELD, D. L. **Microeconomia**. 7. ed. São Paulo: Pearson Education do Brasil, 2010.

PRIDE, W. M.; FERRELL, O. C. **Fundamentos de marketing**. São Paulo: Cengage Learning, 2015.

ROCHA JR., C. B. da. **Precificação estratégica**: um estudo de caso em uma prestadora de serviços automotivos. Monografia (Bacharelado em Ciências Contábeis) – Universidade Federal de Santa Catarina, Florianópolis, 2012. Disponível em: <repositorio.ufsc.br/bitstream/handle/123456789/103707/Cristiano%20Batista%20da%20Rocha%20Junior.pdf?sequence=1&isAllowed=y>. Acesso em: 11 nov. 2022.

ROSA, R. O.; CASAGRANDA, Y. G.; SPINELLI, F. E. A importância do marketing digital utilizando a influência do comportamento do consumidor. **Revista de Tecnologia Aplicada**, v. 6, n. 2, p. 28-39, maio/ago. 2017. Disponível em: <https://www.cc.faccamp.br/ojs-2.4.8-2/index.php/RTA/article/view/1044/525>. Acesso em: 7 nov. 2022.

ROUBICEK, M. O que é a japonização da economia. E qual seu efeito na Europa. **Nexo Jornal**, 2 set. 2019. Disponível em: <www.nexojornal.com.br/expresso/2019/09/02/O-que-é-a-japonização-da-economia.-E-qual-seu-efeito-na-Europa>. Acesso em: 9 nov. 2022.

SANTOS, F. E. de L. A. Carta de conjuntura. **Ipea**, n. 53, 2021. Disponível em: <https://www.ipea.gov.br/portal/images/stories/PDFs/conjuntura/211216_nota_12_credito.pdf>. Acesso em: 9 nov. 2022.

SANTOS, J. J. **Análise de custos**. São Paulo: Atlas, 2000.

SANTOS, N. J.; DUCATI, E.; BORNIA, A. C. Precificação de consultoria empresarial com a contribuição das estratégias de apreçamento. **Revista Catarinense da Ciência Contábil**, Florianópolis, v. 7, n. 21, p. 41-52, ago./nov. 2008. Disponível em: <https://www.redalyc.org/pdf/4775/477549011004.pdf>. Acesso em: 7 nov. 2022.

SCHUMPETER, J. A. **Teoria do desenvolvimento econômico:** uma investigação sobre lucros, capital, crédito, juro e o ciclo econômico. São Paulo: Abril Cultural, 1982.

SEBRAE – Serviço Brasileiro de Apoio às Micro e Pequenas Empresas. **Como fazer uma pesquisa de satisfação do cliente.** 2 fev. 2015. Disponível em: <respostas.sebrae.com.br/como-fazer-uma-pesquisa-de-satisfacao/>. Acesso em: 8 nov. 2022.

SEBRAE – Serviço Brasileiro de Apoio às Micro e Pequenas Empresas. **Como utilizar pesquisas para definir o preço de produtos e serviços.** 8 jan. 2019. Disponível em: <inovacaosebraeminas.com.br/como-utilizar-pesquisas-para-definir-o-preco-de-produtos-e-servicos/>. Acesso em: 29 set. 2022.

SEBRAE – Serviço Brasileiro de Apoio às Micro e Pequenas Empresas. **O quadro de modelo de negócios:** um caminho para criar, recriar e inovar em modelos de negócios. 2013. Disponível em: <www.sebrae.com.br/Sebrae/Portal%20Sebrae/Anexos/Cartilha%200%20Quadro%20do%20Modelo%20de%20Negocios.pdf>. Acesso em: 8 nov. 2022.

SEBRAE – Serviço Brasileiro de Apoio às Micro e Pequenas Empresas. **Os principais tributos que todo empreendedor precisa conhecer.** 26 nov. 2020. Disponível em: <https://www.sebrae.com.br/sites/PortalSebrae/artigos/os-principais-tributos-que-todo-empreendedor-precisa%20conhecer,e40aa0b77d29e410VgnVCM1000003b74010aRCRD>. Acesso em: 10 nov. 2022.

SILVA, A. B. de O. e. O sistema de informações estatísticas no Brasil e as relações entre seus produtores e usuários. **Ciência da Informação,** Brasília, v. 34, n. 2, p. 62-69, maio/ago. 2005. Disponível em: <http://www.scielo.br/pdf/ci/v34n2/28556.pdf>. Acesso em: 9 nov. 2022.

SILVA, A. A. da. et al. A utilização da matriz Swot como ferramenta estratégica: um estudo de caso em uma escola de idioma de São Paulo. In: SIMPÓSIO DE EXCELÊNCIA EM GESTÃO E TECNOLOGIA, 8., 2011. Anais... Disponível em: <https://www.aedb.br/seget/arquivos/artigos11/26714255.pdf>. Acesso em: 8 nov. 2022.

SILVA, A. C. V. et al. Estudos das estratégias de prestação de serviços em uma empresa do setor de beleza. **Caderno de Administração**, Maringá, v. 24, n. 1, 2016. Disponível em: <http://periodicos.uem.br/ojs/index.php/CadAdm/article/view/30459/17552>. Acesso em: 11 nov. 2022.

SILVA, A. M.; NEGRI, J. A. de; KUBOTA, L. C. Estrutura e dinâmica do setor de serviços no Brasil. In: NEGRI, J. A. de; KUBOTA, L. C. **Estrutura e dinâmica do setor de serviços no Brasil**. Brasília: Ipea, 2006. p. 15-33.

SILVA, F. F.; SILVA, A. K. M. Marketing promocional como ferramenta gerencial para aumentar a produtividade e a qualidade em serviços educacionais. **Revista Gestão Industrial**, v. 6, n. 3, p. 79-99, 2010. Disponível em: <https://periodicos.utfpr.edu.br/revistagi/article/view/651>. Acesso em: 11 nov. 2022.

SOUZA, A. **Seis tipos de negócios mais frequentes**. 2012. Disponível em: <https://blog.sebrae-sc.com.br/seis-tipos-de-negocio-mais-frequentes/>. Acesso em: 6 fev. 2020.

SOUZA, A. A. et al. Análise de sistemas de informações utilizados como suporte para os processos de estimação de custos e formação de preços. **ABCustos**, São Leopoldo, Associação Brasileira de Custos, v. 1, n. 1, p. 114-141, jan./abr. 2006. Disponível em: <https://revista.abcustos.org.br/abcustos/article/view/327/443>. Acesso em: 8 nov. 2022.

TINOCO, M. A. C.; RIBEIRO, J. L. D. Estudo qualitativo dos principais atributos que determinam a percepção de qualidade e de preço dos consumidores de restaurantes a la carte. **Gestão & Produção**, São Carlos, v. 15, n. 1, p. 73-87, jan./abr. 2008. Disponível em: <https://www.scielo.br/j/gp/a/rnwtCdBr3Xr8CMNGPn5569r/?format=pdf&lang=pt>. Acesso em: 11 nov. 2022.

TORRES, U. P. P. **Análise estratégica das áreas de marketing e finanças no processo de formação e manutenção dos preços na montadora Fiat Automóveis S.A**. 97 f. Dissertação (Mestrado em Engenharia de Produção) – Universidade Federal de Santa Catarina, Florianópolis, 2002. Disponível em: <https://repositorio.ufsc.br/xmlui/bitstream/handle/123456789/83268/193139.pdf?sequence=1&isAllowed=y>. Acesso em: 11 nov. 2022.

VARIAN, H. R. **Microeconomia: uma abordagem moderna**. 9. ed. São Paulo: GEN Atlas, 2015.

VASCONCELLOS, M. A. S. de; OLIVEIRA, R. G. **Manual de microeconomia**. 2. ed. São Paulo: Atlas, 2010.

VERÍSSIMO, M. P.; SAIANI, C. C. S. Evidências da importância da indústria e dos serviços para o crescimento econômico dos municípios brasileiros. **Economia e Sociedade**, Campinas, v. 28, n. 3, p. 905-935, set./dez. 2019. Disponível em: <https://www.scielo.br/j/ecos/a/zZm63xg7VY8FQpHF35rwgZj/?format=pdf&lang=pt>. Acesso em: 7 nov. 2022.

WERNKE, R. **Análise de custos e preços de venda: ênfase em aplicações e casos nacionais**. São Paulo: Saraiva, 2005.

WWF Brasil. **Da teoria à prática**. 2020. Disponível em: <https://www.wwf.org.br/participe/porque_participar/sustentabilidade/>. Acesso em: 8 nov. 2022.

ZAFFANI, C. A. Cuidado com os custos "invisíveis". **Boletim CRC/SP**, São Paulo, n. 158, p. 19-22, 2006. Disponível em: <https://crcsp.org.br/portal/publicacoes/boletim/edicao-158.pdf>. Acesso em: 8 nov. 2022.

Sobre a autora

Rossandra Oliveira Maciel de Bitencourt é bacharel em Ciências Econômicas (2012) pela Universidade do Extremo Sul Catarinense, mestra (2015) e doutora (2021) em Políticas Públicas pela Universidade Federal do Paraná (UFPR). Atua como docente na graduação e na pós-graduação nas modalidades de ensino presencial e a distância. Além de docente, é empresária, pesquisadora e presidente da Associação dos Pesquisadores em Economia Catarinense (Apec), 2021-2023. Integrou o Núcleo de Estudos em Instituições na UFPR. Tem experiência nas áreas de administração, economia e políticas públicas. Atua como parecerista e tem diversas publicações em periódicos qualificados pelo sistema Qualis/Capes. Em sua trajetória acadêmica, já ministrou minicursos e palestras sobre seus interesses de pesquisa em instituições de ensino superior e em órgãos públicos.

Os papéis utilizados neste livro, certificados por instituições ambientais competentes, são recicláveis, provenientes de fontes renováveis e, portanto, um meio **respons**ável e natural de informação e conhecimento.

Impressão: Reproset
Março/2023